JURIS' ADMIN

25 fiches pour comprendre et réviser
le droit administratif

AUTRES OUVRAGES DE LA COLLECTION « JURISCOACH »

Juris' Constit : *25 fiches pour comprendre et réviser le droit constitutionnel*

Juris' Europe : *25 fiches pour comprendre et réviser les institutions européennes*

Juris' V^e : *25 fiches pour comprendre et réviser les institutions politiques de la Ve République*

Juris' Pénal : *25 fiches pour comprendre et réviser le droit pénal général*

Juris' Intro : *25 fiches pour comprendre et réviser l'introduction générale au droit*

Juris' Personnes : *25 fiches pour comprendre et réviser le droit des personnes*

Juris' Famille : *25 fiches pour comprendre et réviser le droit de la famille*

Juris' Data *: 25 fiches pour comprendre et réviser le droit des données numériques*

AUTRES OUVRAGES PARUS CHEZ ENRICK B. ÉDITIONS

Chronique d'un étudiant en droit, tome 1 : *Mes conseils pour obtenir votre L1 (en y prenant du plaisir)*

Chronique d'un étudiant en droit, tome 2 : *Mes conseils pour réussir votre cursus (et trouver un emploi)*

RÉMI RAHER & JULIEN RIVET

JURIS' ADMIN

25 fiches pour comprendre et réviser le droit administratif

Enrick B.
ÉDITIONS

Conception couverture : Marie Dortier
Réalisation couverture : Comandgo

ISBN : 978-2-35644-345-8

Sommaire

MODE D'EMPLOI

Comment utiliser ce livre ?

Bonjour et bienvenue dans *Juris' Admin* !

Des manuels avec plein de pages et trop de choses à retenir, vous en avez déjà. Le but de ce livre est donc de faire les choses de façon différente, en vous proposant 25 fiches de révision thématiques sur le droit administratif : le service public, l'organisation administrative de la France, la police administrative, les contrats administratifs, les actes administratifs unilatéraux, etc.

Vous constaterez que chaque fiche est synthétique (le manuscrit de chacune tient sur deux pages A4 maximum) et qu'elle est suivie d'un quiz composé de trois questions avec réponse à choix multiple, afin de vérifier que vous avez bien retenu les notions abordées. Vous pouvez donc dérouler le sommaire comme il vous est proposé, ou vous rendre directement à la thématique qui vous intéresse, ou qui vous pose problème.

Chaque fiche est complétée par un « conseil de coach » qui aborde les questions d'organisation, d'orientation, de révision... et toutes sortes d'astuces pour faciliter votre cursus. Certaines idées vous plairont, d'autres peut-être moins : vous conserverez ce qui peut vous aider et oublierez ce qui vous dérange. L'important est de faire ce qui vous convient, pas ce qui vous pénalise !

Ce livre s'achève par un test comportant 25 questions ouvertes auxquelles vous devrez répondre afin de vous assurer que vous avez bien retenu le contenu de ces pages. Si vous faites un sans-faute, vous êtes probablement dans les starting-blocks pour les examens. Si ce n'est pas le cas, il peut être utile de revenir en arrière pour combler vos lacunes...

Quoi qu'il en soit, je vous souhaite une bonne lecture et beaucoup de réussite dans vos projets.

Rémi Raher
www.juriswin.com

FICHE N° 1

L'organisation administrative de la France

Une simple lecture de l'article 1er de la Constitution permet d'affirmer que la France constitue un État unitaire et décentralisé. Son caractère unitaire signifie (par opposition au fédéralisme) qu'il existe un seul centre d'impulsion politico-juridique, tandis que son caractère décentralisé signifie que l'État unitaire n'est pas un obstacle à ce que l'on reconnaisse une certaine autonomie à diverses entités (comme les régions et les communes).

Décentralisation ou déconcentration ?

La déconcentration est une technique qui consiste à confier localement des prérogatives appartenant à l'État central, comme c'est par exemple le cas dans les préfectures et les rectorats. Cette méthode vise à mieux faire comprendre la décision nationale à l'échelon local, et permet d'autre part à l'autorité nationale de mieux comprendre les attentes des administrés.

La décentralisation est une technique qui consiste à déléguer une partie du pouvoir étatique à des entités indépendantes et autonomes. Ce pouvoir est attribué à la fois pour des raisons d'efficacité (on peut gouverner de loin mais on administre mieux de près) et pour répondre à un souci de démocratie locale (à cet égard, les collectivités territoriales constituent un îlot de démocratie locale).

De l'échelon national à l'échelon local

L'organisation administrative de la France se produit à la fois à l'échelon national (le pouvoir central) et à l'échelon local (le pouvoir déconcentré et décentralisé).

À l'échelon national, on trouve :

- Le président de la République, titulaire d'un pouvoir réglementaire d'exception (art. 13 de la Constitution).
- Le Premier ministre, titulaire d'un pouvoir réglementaire de droit commun (art. 21 de la Constitution).
- Les ministres, qui sont chefs de leur administration et à ce titre bénéficient du pouvoir de réglementer leur service (Conseil d'État, Jamart, 1936).

Ces plus hautes autorités sont assistées de cabinets, eux-mêmes variablement composés (directeur de cabinet, chef de cabinet, conseillers techniques, chargés de mission, etc.), et de divers secrétariats généraux (par exemple, le secrétariat général du gouvernement, dirigé par un juriste de haut niveau).

À l'échelon local, on distingue trois grands échelons à la fois déconcentrés et décentralisés :

- La région.
- Le département.
- La commune.

À ce découpage de droit commun s'ajoutent de nombreuses exceptions, car la France d'outre-mer connaît une pluralité de statuts spécifiques ou particuliers, par exemple pour la Martinique, la Nouvelle-Calédonie, la Corse ou encore Mayotte.

La décentralisation horizontale

À côté de cette décentralisation verticale traditionnelle, on assiste à la montée en puissance d'une décentralisation horizontale du fait des collectivités publiques. Celles-ci délèguent des compétences à des entités qu'elles créent. Par exemple, une commune peut déléguer l'assainissement ou le traitement des ordures ménagères à une communauté de communes.

Il existe de nombreuses personnes morales de droit public qui sont des instruments de décentralisation horizontale ou fonctionnelle, parmi lesquelles les communautés et les syndicats de communes, les agglomérations et les métropoles.

Les autorités administratives indépendantes

Aux institutions républicaines classiques et connues, il faut ajouter les autorités administratives indépendantes (AAI) et les autorités publiques indépendantes (API), qui sont des institutions de l'État chargées d'assurer la régulation de secteurs considérés comme essentiels et pour lesquels le gouvernement veut éviter d'intervenir directement.

Certaines sont chargées de protéger les droits des citoyens (comme le Défenseur des droits), d'autres doivent assurer la régulation des activités économiques (comme l'Autorité de la concurrence). Toutes ont trois caractères en commun :

- Une forme d'autorité, c'est-à-dire certaines prérogatives comme le pouvoir d'édicter des recommandations, des décisions, des réglementations et/ou des sanctions.
- Un statut public, c'est-à-dire qu'elles agissent au nom de l'État et que certaines compétences dévolues à

l'administration leur sont déléguées (par exemple, le pouvoir réglementaire).
- Une forme d'indépendance, ce qui signifie qu'elles agissent en dehors de toute hiérarchie ministérielle (même si elles sont contrôlées par le Parlement et le gouvernement).

Vous l'aurez remarqué, le fait d'agir hors de l'autorité d'un ministre est une exception à l'article 20 de la Constitution selon lequel le gouvernement dispose de l'administration.

– Quiz –

1 – À côté des collectivités de droit commun, il y a des collectivités à statut :

□ A – Spécifique.
□ B – Particulier.
□ C – Réglementé.

2 – Le préfet est une autorité :

□ A – Déconcentrée.
□ B – De décentralisation fonctionnelle.
□ C – De décentralisation verticale.

3 – Qu'est-ce qu'une autorité administrative indépendante ?

□ A – Une institution ministérielle chargée d'assurer la régulation d'un secteur considéré comme essentiel.
□ B – Une institution de l'État chargée d'assurer la régulation des décisions prises dans les hiérarchies ministérielles.
□ C – Une institution de l'État chargée d'assurer la régulation d'un secteur considéré comme essentiel.

Réponses : 1, A et B ; 2, A ; 3, C.

✪ CONSEIL DE COACH ✪

ⓘ Comment utiliser les majuscules pour les institutions ?

Quand des noms communs servent à désigner une institution unique, ils fonctionnent comme un nom propre et prennent donc une majuscule.

Attention : seul le premier nom de la dénomination prend la majuscule, et non l'adjectif qui suit (exemple : l'Assemblée nationale). Une exception : le Conseil d'État, composé de deux noms, comprend deux majuscules.

Les organismes multiples ne sont pas considérés comme des noms propres mais comme des noms communs. Ils s'écrivent donc toujours en minuscules (exemple : la cour administrative d'appel de Nantes).

Autre petite subtilité pour les collectivités territoriales : on utilise une minuscule pour désigner le territoire (exemple : la ville d'Angers est située dans la région des Pays de la Loire), mais une majuscule pour désigner l'institution (exemple : la Région des Pays de la Loire a voté son budget).

FICHE N° 2

Les sources constitutionnelles

L'étude des sources du droit administratif conduit à étudier d'abord celles qui ont valeur constitutionnelle. Ceci inclut trois textes incontournables :

- La Constitution de 1958 (son préambule et ses 89 articles).
- Le préambule de la Constitution de 1946 (qui contient de nombreux droits fondamentaux).
- La Déclaration des droits de l'homme et du citoyen (qui contient de nombreuses libertés fondamentales et de nombreux principes essentiels tels que l'égalité, l'impôt ou encore la séparation des pouvoirs).

De plus, le Conseil constitutionnel a consacré de nombreuses autres normes qu'il a ajoutées aux précédentes, formant ainsi ce que l'on désigne par l'expression « bloc de constitutionnalité » (selon l'expression du doyen Favoreu) :

- Les principes à valeur constitutionnelle (dégagés par le Conseil d'État et le Conseil constitutionnel).
- Les principes fondamentaux reconnus par les lois de la République (principes issus de lois républicaines à valeur fondamentale et consacrés sans interruption).
- Les principes « particulièrement nécessaires à notre temps » (qui ont été découverts par le Conseil constitutionnel au sein du préambule de la Constitution de 1946).

- Les objectifs à valeur constitutionnelle (objectifs importants que le législateur doit respecter sous peine d'être censuré).

Le contrôle du respect des normes constitutionnelles

Le Conseil d'État remplit le rôle de gardien de la Constitution, qu'il s'agisse des textes réglementaires et législatifs qui lui sont soumis obligatoirement (projets de loi) ou facultativement (propositions de loi). Il conseille ainsi le gouvernement et le législateur quant à l'élaboration d'un texte conforme à la Constitution.

Le contrôle de constitutionnalité de la loi est opéré uniquement par le Conseil constitutionnel, *a priori* ou *a posteriori* (en vertu des articles 61 et 61-1 de la Constitution). Il n'appartient pas aux juridictions ordinaires de réaliser un tel contrôle, sauf à remplir un rôle de filtre en cas de question prioritaire de constitutionnalité (Conseil d'État, 2005, Deprez et Baillard).

Le contrôle de constitutionnalité du règlement est effectué par le juge administratif, sauf à ce que le texte réglementaire soit pris sur le fondement d'une loi. Dans cette hypothèse, on retient que la loi fait écran entre le texte réglementaire et la Constitution ; contrôler la constitutionnalité du texte réglementaire amènerait alors à un contrôle de constitutionnalité de la loi, ce qui n'est pas permis.

Le contrôle de la compatibilité des normes internationales obéit à l'article 54 de la Constitution. Si le Conseil constitutionnel déclare qu'une norme internationale n'est pas conforme au bloc de constitutionnalité, elle ne peut être ratifiée ou approuvée qu'après une révision constitutionnelle.

Le contrôle de constitutionnalité des actes réglementaires et des lois de transposition d'une directive de l'Union européenne sera abordé lors de l'étude des sources européennes du droit administratif (fiche n° 4).

– Quiz –

1 – Le contrôle de constitutionnalité des lois *a priori* appartient :

- □ A – Au Conseil constitutionnel.
- □ B – Au Conseil d'État.
- □ C – Aux juges ordinaires.

2 – Le contrôle de constitutionnalité des lois *a posteriori* appartient :

- □ A – Au Conseil constitutionnel.
- □ B – Au Conseil d'État.
- □ C – Aux juges ordinaires.

3 – Quelle théorie interdit au juge administratif de connaître un litige dans lequel la constitutionnalité d'un règlement pris sur le fondement d'une loi est contestée ?

- □ A – La théorie de la loi écran.
- □ B – La théorie du ministre-juge.
- □ C – La théorie de la constitutionnalité implicite.

Réponses : 1, A ; 2, A ; 3, A.

✪ CONSEIL DE COACH ✪

ⓘ Quatre étapes pour adopter un raisonnement juridique

Un raisonnement juridique consiste à faire des liens logiques entre des notions et des concepts juridiques, ce qui demande de procéder par étapes.

Étape n° 1: apprendre le vocabulaire et les termes juridiques
Savoir de quoi on parle est un minimum quand on prétend raisonner. Vous devez donc faire l'effort de comprendre les termes juridiques afin de saisir leur signification concrète (par exemple, la notion de jurisprudence) et pour éviter de les confondre (comme cela se fait souvent avec les verbes «stipuler» et «disposer»).

Étape n° 2: développer ses connaissances et sa culture juridique
Pour faire des liens entre des notions et des concepts, encore faut-il maîtriser lesdits concepts! Il est donc nécessaire de connaître un minimum vos cours et de vous documenter pour développer votre culture juridique. Inutile de tout retenir par cœur: ce ne sont pas les détails qui vous permettent de bien raisonner mais les liens que vous pouvez faire entre les idées.

Étape n° 3: se familiariser avec la doctrine
En lisant des textes de doctrine, vous gagnerez en temps fou dans la compréhension du droit et de ses enjeux, ainsi que dans la rédaction de vos devoirs. Bien sûr, cela ne veut pas dire qu'il ne faut pas faire l'effort de réfléchir (au contraire!), mais vous pouvez améliorer votre compréhension et votre réflexion en prenant connaissance de la sagesse de vos prédécesseurs à travers les livres et les revues.

Étape n° 4: soyez concret
Ne pas oublier d'être concret est fondamental. Lorsque le raisonnement n'est pas strictement théorique, il faut garder à l'esprit que chaque question recoupe un cas d'espèce, des problématiques concrètes. En ce cas bâtir un raisonnement juridique c'est donc parvenir à articuler la théorique et la pratique.

FICHE N° 3

Les sources internationales

Le droit international désigne les règles contenues dans les traités internationaux ainsi qu'au sein de la coutume (qui joue un rôle important en droit international). Il faut donc le distinguer du droit interne (forgé par les normes nationales) et du droit de l'Union européenne (qui se veut un ordre juridique distinct du droit international).

La valeur du droit international est relativement importante : selon la hiérarchie des normes, ces règles se situent juste en dessous du bloc de constitutionnalité (garant de la souveraineté de l'État) et au-dessus des lois, ce qui signifie que si elles doivent obéir à la Constitution, elles l'emportent sur les lois, même en cas d'antagonisme.

L'invocabilité du droit international

Si une norme de droit international possède une valeur supérieure aux lois, il faut que le juge garantisse le respect de la norme internationale par la loi par un contrôle juridictionnel, afin d'assurer concrètement cette primauté. Le juge opère alors un « contrôle de conventionnalité », aussi bien dans l'ordre judiciaire que dans l'ordre administratif.

Attention !

C'est bien le juge classique qui procède à ce contrôle et non le Conseil constitutionnel. Celui-ci a refusé d'opérer un tel contrôle, en invoquant la Constitution elle-même (qui ne prévoit pas ce contrôle).

Pour qu'une norme internationale soit susceptible d'être invoquée par les justiciables, le juge doit identifier trois critères cumulatifs :

- La norme doit être ratifiée ou approuvée régulièrement.
- On doit constater l'application réciproque du traité (sauf lorsqu'il s'agit de normes relatives aux droits fondamentaux).
- La norme doit être d'effet direct (elle doit créer des obligations effectives et non se contenter de déclarations d'intention).

Sur cette base, le traité international peut venir contredire une loi française. Mais tout n'est pas joué pour autant pour les justiciables : le juge est libre d'interpréter le traité et d'imposer son interprétation à l'administration.

– Quiz –

1 – Que désigne-t-on sous le vocable de « droit international » ?

- □ A – Les droits universels de l'homme, de la femme et de l'enfant.
- □ B – Les règles contenues dans les traités internationaux ainsi qu'au sein de la coutume.
- □ C – Le droit de l'Union européenne qui s'applique à l'international.

2 – Qu'est-ce que le contrôle de conventionnalité ?

- □ A – C'est lorsque le Conseil constitutionnel vérifie qu'une loi interne est conforme au droit international.
- □ B – C'est lorsque le Parlement vérifie qu'une loi interne est conforme au droit international.
- □ C – C'est lorsque le juge administratif ou judiciaire vérifie qu'une loi interne est conforme au droit international.

3 – Quels sont les critères pour qu'une norme internationale soit susceptible d'être invoquée par les justiciables ?

- □ A – Elle doit être ratifiée.
- □ B – Elle doit être appliquée réciproquement.
- □ C – Elle doit avoir un effet direct.

Réponses : 1, B ; 2, C ; 3, A, B et C.

✪ CONSEIL DE COACH ✪

ⓘ ***Sleep less, dream more***

Mieux vaut tenir que courir ? Vous plaisantez ! La vie ne se mesure pas aux moments où on respire mais aux moments à couper le souffle. Votre existence ne deviendra pas plus agréable ou plus passionnante en restant les fesses collées à votre canapé. Au lieu de glander les yeux fermés, rêvez les yeux ouverts !

La devise de Walt Disney était : « *If you can dream it, you can do it.* » Si vous pouvez en rêver, vous pouvez le faire. Il faut rêver pour nourrir son inspiration, puis se fixer un but et foncer dans cette direction. Au pire, vous vous planterez, mais vous aurez appris quelque chose.

Peu importe si votre projet ne fait pas l'unanimité. Les points de vue sont comme les anus (tout le monde en a un), et vous ne pouvez pas plaire à tout le monde. Votre avis vaut largement celui des autres. Ne vous laissez donc pas influencer, ne vous laissez pas impressionner : votre rêve vous appartient… et il vous appartient de le concrétiser.

FICHE N° 4

Les sources européennes

Le droit administratif français est fortement imprégné par le droit de l'Union européenne, c'est-à-dire par les normes produites par les institutions de l'Union européenne (qu'il faut distinguer du droit produit par le Conseil de l'Europe, qui est une source du droit international).

Ce droit est scindé en deux grandes parties : le droit primaire et le droit dérivé.

Le droit primaire

Le droit primaire est composé de l'ensemble des traités de l'Union européenne :

- Le traité de Lisbonne.
- Le traité de Nice.
- Le traité d'Amsterdam.
- Le traité sur l'Union européenne.
- L'Acte unique européen.
- Le traité de fusion.
- Les traités de Rome.

Ces normes ont une valeur fondamentale, c'est-à-dire qu'elles l'emportent sur le droit dérivé, ce dernier étant élaboré conformément aux principes et procédures prévus dans ces traités.

Le droit dérivé

Le droit dérivé est le droit forgé par les institutions européennes sur la base des traités évoqués ci-dessus. Il prévoit à la fois des normes contraignantes et des normes non contraignantes (recommandations, avis, etc.).

Parmi les normes contraignantes, on peut citer :

- Les règlements, qui sont des textes normatifs européens et qui sont l'équivalent d'un règlement ou d'une loi en droit interne (un règlement européen est obligatoire en tous ses éléments).
- Les directives, qui sont des invitations adressées aux États pour harmoniser leurs législations. La directive met à la charge de l'État un objectif à atteindre mais lui laisse la liberté de définir les moyens et les formes pour l'atteindre.
- Les décisions européennes, qui sont des actes contraignants mais nominatifs, adressés à une personne publique ou privée (généralement une personne morale de droit privé).

Deux particularités liées aux directives européennes :

- Elles doivent faire l'objet d'un acte de transposition (réglementaire ou législatif) ; la non-transposition d'une directive constitue une faute pour l'État qui encourt une condamnation, sur le plan interne (recours en responsabilité) comme sur le plan européen (recours en manquement).
- Elles sont invocables par un administré lorsqu'elles énoncent des obligations inconditionnelles et effectives, mais l'État, lui, ne peut les invoquer. C'est ce que l'on appelle « l'absence d'effet vertical descendant » (expression très chic à reprendre dans vos copies).

La valeur du droit de l'Union européenne

En droit administratif, la valeur du droit de l'Union européenne est relativement discutée et fait l'objet d'une évolution nourrie. En effet, la Cour de justice de l'Union européenne affirme que le droit de l'UE vise à instaurer une communauté entre tous les États membres, et donc qu'il est supérieur au droit interne de chaque État, de sorte que le remettre en cause revient à remettre en question la communauté elle-même ; mais le Conseil constitutionnel affirme que le droit constitutionnel prime sur toute autre norme de droit.

Une chamaillerie de pouvoir, puisqu'en parallèle, le Conseil constitutionnel a décidé d'accorder au droit de l'Union européenne une valeur *supra*-constitutionnelle en affirmant que la transposition d'une directive constitue un objectif à valeur constitutionnelle, phrase reprise par le Conseil d'État. De plus, le Conseil constitutionnel a déclaré que le contrôle de constitutionnalité de la loi qui transpose fidèlement une directive n'est pas possible... sauf à ce qu'elle méconnaisse l'identité constitutionnelle de la France.

Depuis cette remarque pour le moins ambiguë, la doctrine s'arrache les cheveux pour déterminer ce qu'est « l'identité constitutionnelle ». On peut y voir une référence aux principes de l'article 1er de la Constitution c'est-à-dire la laïcité, le caractère républicain du gouvernement, sa forme démocratique et sociale, ainsi que le principe de la décentralisation. Mais factuellement, il est tout de même difficile de mettre sur le même plan la laïcité et la décentralisation. Le débat reste donc très ouvert et fait l'objet de nombreuses publications.

La conformité des actes réglementaires de transposition

L'étude du droit de l'UE invite à préciser les modalités selon lesquelles le juge administratif apprécie la conformité d'un acte administratif réglementaire de transposition d'une directive (à ne pas confondre avec une loi de transposition) vis-à-vis de la Constitution. Tout d'abord, retenons que la directive doit être fidèlement transposée et que le contrôle ne porte que sur les termes clairs précis et inconditionnels de la directive. Ensuite, le juge administratif doit rechercher si les règles constitutionnelles invoquées ont un équivalent dans l'ordre juridique communautaire :

- Dans l'affirmative, le juge recherche si la directive que l'acte réglementaire transpose y est conforme et en l'absence de difficulté sérieuse, il écarte le moyen invoqué. Dans le cas contraire, il saisit la Cour de justice des Communautés européennes d'une question préjudicielle.
- En revanche, si le droit de l'Union ne garantit pas le respect de la norme constitutionnelle invoquée, il revient au juge administratif d'examiner directement la constitutionnalité des dispositions réglementaires contestées (Ass., 8 fév. 2007, Sté Arcelor).

– Quiz –

1 – L'État peut-il se prévaloir d'une directive non transposée ?

- ☐ A – Non, l'effet utile de la directive ne vaut que dans le cadre d'un effet vertical : seul l'administré peut se prévaloir d'une directive non transposée en droit interne.
- ☐ B – Oui, car la directive est d'effet direct et il y a un effet utile ; cela implique que l'État comme les administrés peuvent s'en prévaloir une fois que la directive est publiée.
- ☐ C – Oui car l'Etat peut subir un préjudice du fait de son adhésion à l'Union européenne.

2 – Le droit de l'UE est-il supérieur à la Constitution ?

- ☐ A – C'est l'avis de la Cour de justice de l'Union européenne.
- ☐ B – C'est l'avis du Conseil constitutionnel.
- ☐ C – C'est complexe : le Conseil constitutionnel dit que non, mais il a décidé d'accorder au droit de l'Union européenne une valeur *supra*-constitutionnelle.

3 – Quelles sont les particularités des directives européennes ?

- ☐ A – Elles sont invocables par l'État mais pas par un administré.
- ☐ B – Elles sont invocables par un administré mais pas par l'État.
- ☐ C – Elles doivent faire l'objet d'un acte de transposition.

Réponses : 1, A ; 2, A et C ; 3, B et C.

✪ CONSEIL DE COACH ✪

ⓘ Se documenter efficacement et réussir ses recherches pour développer sa culture juridique

Pas besoin d'être un génie pour deviner que la façon la plus simple de développer sa culture juridique est d'aller en cours et de prendre des notes, de préparer les TD, et de lire des livres. Développer sa culture juridique permet d'être plus à l'aise en cours et en TD, et de rédiger de meilleures copies d'examen en abordant des notions supplémentaires illustrées d'exemples pertinents.
Concrètement, comment procéder pour vous documenter efficacement ?
La première chose à faire est de diversifier vos lectures. Feuilleter les manuels recommandés par vos profs est nécessaire mais pas suffisant ; il est utile de jeter un œil aux ouvrages mentionnés en TD ainsi qu'à la biographie de leurs auteurs (Wikipédia sert aussi à cela). Mais dans tous les cas les sources doivent être fiables juridiquement et scientifiquement. Il est donc important d'identifier les ressources en ligne véritablement utilisables. Et les sources traditionnelles (Manuels, revues juridique, thèses etc.) restent fondamentales.
Ensuite, lisez des journaux et des magazines d'actualité internationale afin de donner de la perspective à vos connaissances. Lire des essais sur des sujets d'actualité politique ou juridique est également utile pour acquérir des pistes de réflexion sur les notions apprises sur les bancs de la fac. Pour cela, il faut réfléchir à ce que vous lisez et ne pas hésiter à le contester. Vous avez le droit d'être en désaccord avec le contenu d'un ouvrage ; certains contiennent d'ailleurs des erreurs factuelles, et pas seulement des points de vue contestables.
De cette manière, vos lectures et réflexions personnelles pourront servir de point de départ pour des discussions avec vos enseignants, des débats en TD, des accroches de dissertation, des exemples dans vos copies... et pour jouer à l'intello lors des dîners en ville !

FICHE N° 5

Les sources législatives

Même si on insiste souvent sur l'importance de la jurisprudence en droit administratif, ce dernier trouve sa source dans de nombreux textes législatifs, c'est-à-dire dans les lois.

La diversité des lois

Sous le vocable unique de « lois » se cache une variété de textes, car il existe plusieurs types de lois :

- Les lois constitutionnelles, qui ne sont en réalité pas des lois mais des normes révisant la Constitution et possédant donc une valeur constitutionnelle.
- Les lois organiques, qui précisent et complètent les normes constitutionnelles (elles font à ce titre l'objet d'un contrôle de constitutionnalité obligatoire avant leur promulgation).
- Les lois ordinaires, qui sont prises en vertu de l'article 34 de la Constitution et qui sont votées par le Parlement à la suite d'une proposition de loi ou d'un projet de loi.

Les lois peuvent aussi être expérimentales ou spécifiques et récurrentes, par exemple pour le financement de la Sécurité sociale.

Le contrôle des lois

Les lois font l'objet d'un contrôle de constitutionnalité de la part du juge constitutionnel avant leur promulgation (article 61 de la Constitution) et après celle-ci (article 61-1). En revanche, le juge administratif refuse d'effectuer un tel contrôle de manière constante.

Les lois font l'objet d'un contrôle de conventionnalité de la part du juge administratif (et du juge judiciaire ordinaire) en vertu des jurisprudences de 1975 (Société des cafés Jacques Vabre) et de 1989 (arrêt Nicolo) qui autorisent le juge à invoquer un traité international pour écarter une loi qui y serait contraire.

D'une manière plus technique, le juge administratif opère un contrôle de la normativité de la loi pour vérifier si elle déploie tous ses effets utiles. Ainsi, le législateur doit adopter des textes suffisamment précis, c'est-à-dire qui ne se bornent pas à constater une orientation générale mais au contraire édictent un droit ou une obligation précis.

Enfin, des procédures permettent de contester l'action du législateur qui se serait fourvoyé en adoptant un texte du domaine réglementaire sous la forme législative. Le Conseil constitutionnel autorise alors une modification du texte par décret s'il est saisi sur le fondement de l'article 37 de la Constitution.

– Quiz –

1 – Quels sont les trois grands types de lois ?

- □ A – Les lois constitutionnelles, les lois organiques, les lois réglementaires.
- □ B – Les lois constitutionnelles, les lois organiques, les lois ordinaires.
- □ C – Les lois constitutionnelles, les lois organiques, les lois d'exception.

2 – Qui effectue le contrôle de constitutionnalité de la loi ?

- □ A – Le Parlement.
- □ B – Le Conseil d'État.
- □ C – Le Conseil constitutionnel.

3 – Qu'est-ce que le contrôle de normativité de la loi ?

- □ A – Le juge vérifie si la loi déploie tous ses effets utiles.
- □ B – Le Conseil constitutionnel vérifie si la loi déploie tous ses effets utiles.
- □ C – Le Conseil d'État vérifie si la loi déploie tous ses effets utiles.

Réponses : 1, B ; 2, C ; 3, A.

✪ CONSEIL DE COACH ✪

ⓘ La meilleure méthode ? Celle qui vous convient

Un des avantages de la fac, c'est que personne ne vient regarder ce que vous faites chez vous tant que vous rendez vos copies à l'heure et que vous avez des notes correctes aux examens.

Par conséquent, n'écoutez ni les profs ni les autres, et utilisez la méthode de travail qui vous convient et qui vous ressemble, en exploitant les points forts de votre mémoire et les moyens mnémotechniques efficaces pour vous.

Si on vous explique que votre façon de faire n'est pas la bonne mais que vous constatez qu'elle fonctionne pour vous, vous n'avez aucune raison d'en changer : forcer votre cerveau à fonctionner d'une manière qui ne lui convient pas serait une déperdition d'énergie complètement inutile. Cette énergie est bien mieux employée à retenir le contenu de vos cours !

Quoi qu'il en soit cette liberté dans la détermination de la méthode personnelle ne doit pas nous conduire notamment à l'écrit, à oublier les codes formels traditionnellement retenus en droit (tel le plan en deux parties).

FICHE N° 6

La jurisprudence et les principes généraux du droit

On affirme parfois que la jurisprudence ne constitue pas une source de droit mais plutôt une donnée influente, au même titre que la doctrine. Pourtant le juge administratif crée véritablement du droit et il lui donne son sens en effectuant un travail d'interprétation. Par exemple, le juge administratif interprète le sens des traités internationaux, et la légalité d'un acte administratif est ainsi subordonnée à son approche du traité.

La notion de principe général du droit

L'histoire de la construction du droit administratif a conduit à ce que le juge administratif lui-même soit auteur de droit. En effet, cette branche du droit s'est émancipée très tôt du droit civil, ce qui a fait apparaître la nécessité de confier à un juge spécialisé les questions relevant du droit administratif. Pour exercer sa fonction, sans norme administrative existante pour trancher les litiges, le juge pouvait s'appuyer sur les principes généraux du droit.

Désormais, les principes généraux du droit sont des principes fondamentaux que l'administration doit respecter dans le cadre de son activité administrative. Ils répondent à plusieurs critères :

- Un principe général du droit est reconnu même en l'absence de texte.

- Un principe général du droit doit être « découvert » par le juge au regard de l'évolution des attentes du corps social et recherché au sein des exigences posées par le droit positif.

Le Conseil constitutionnel et le juge judiciaire s'y réfèrent également.

Parmi les principes généraux du droit, on peut citer l'égalité des usagers devant le service public, l'égalité de traitement entre fonctionnaires d'un même corps, l'égalité d'accès des citoyens aux emplois publics.

La valeur des principes généraux du droit

La valeur des principes généraux du droit est un véritable casse-tête théorique. Faut-il y voir une valeur législative ou constitutionnelle, ou autre chose ?

En réalité, il faut regarder chaque principe général du droit pour estimer sa valeur. Certains principes sont reconnus comme ayant une valeur législative (par exemple, le principe de l'interdiction de licencier une salariée enceinte), tandis que d'autres sont tirés du bloc de constitutionnalité, ce qui conduit à leur reconnaître une valeur constitutionnelle (parmi eux, les droits de la défense ou la continuité du service public).

Dans un cas comme dans l'autre, ces principes s'imposent à l'administration qui ne peut les méconnaître dans l'exercice de son pouvoir réglementaire.

La diversité des principes généraux du droit

Les principaux principes généraux du droit ont été reconnus concernant notamment deux grands domaines :

- La liberté : cela comprend la liberté d'enseignement, la liberté du commerce et de l'industrie, la liberté d'association, etc.
- L'égalité : elle s'applique aux usagers devant le service public, devant l'impôt, devant les charges publiques, aux fonctionnaires intégrés dans le même corps, à l'accès aux fonctions publiques, etc.

D'autres principes généraux du droit ont été érigés, parmi lesquels la protection des droits de la défense ou encore l'obligation de reclassement d'un salarié devenu physiquement inapte.

D'autres encore seront sans doute créés puisqu'une totale liberté habite l'action du juge en la matière.

– Quiz –

1 – Par qui les principes généraux du droit sont-ils reconnus ?

- ☐ A – Le juge judiciaire.
- ☐ B – Le juge administratif.
- ☐ C – Le juge ordinaire et le juge constitutionnel.

2 – La valeur des principes généraux du droit est :

- ☐ A – Évidente, ils ont une valeur constitutionnelle.
- ☐ B – Évidente, ils possèdent une valeur réglementaire.
- ☐ C – Très discutée, mais on s'accorde sur leur caractère *supra*-réglementaire.

3 – Lequel de ces principes ne constitue pas un principe général du droit ?

- ☐ A – L'égalité devant les charges publiques.
- ☐ B – La liberté d'enseignement.
- ☐ C – Le droit au travail.

Réponses : 1, C ; 2, C ; 3, C.

✪ CONSEIL DE COACH ✪

ⓘ Comment citer la jurisprudence dans un cas pratique ?

Lorsque vous rédigez un cas pratique, la méthode du syllogisme juridique doit apparaître clairement, avec son fameux triptyque : majeure, mineure, conclusion.

Dans la majeure, vous devez mettre la ou les règle(s) de droit applicable(s) au cas d'espèce. Vous pouvez utiliser des règles tirées de la loi, des traités, de la Constitution… mais aussi de la jurisprudence.

Pour retrouver facilement la jurisprudence, utilisez votre Code pénal et consultez les annotations jurisprudentielles qui se trouvent sous les articles.

En ce qui concerne la formulation, si vous souhaitez vous servir d'un arrêt dans votre raisonnement pour un cas pratique (ce qui est d'ailleurs vivement conseillé !), vous pouvez utiliser la formule suivante : « Dans un (selon un/d'après un) arrêt rendu le 15 mars 2018, la Cour de cassation a affirmé/précisé/estimé que… (portée de l'arrêt). »

Gardez à l'esprit que des centaines de jugements et d'arrêts sont rendus chaque jour ; il faut donc éviter d'écrire : « Selon la jurisprudence du 15 mars 2018,… »

FICHE N° 7

Les sources réglementaires

Historiquement, le pouvoir réglementaire se cantonne à servir la loi en assurant son exécution : si la loi est générale, les décrets et les règlements précisent les conditions de son application dans les contextes particuliers. Mais le droit est une matière évolutive et les choses ont un peu changé désormais : il arrive qu'un règlement soit autonome et n'émane pas d'une loi en particulier.

Les autorités titulaires du pouvoir réglementaire

À l'échelon national, le président de la République et le Premier ministre disposent d'un pouvoir réglementaire :

- L'article 13 de la Constitution attribue au président de la République une compétence exceptionnelle pour l'édiction des décrets délibérés en Conseil des ministres. Il possède en outre une compétence étendue lorsqu'il met en œuvre l'article 16 de la Constitution.
- L'article 21 de la Constitution attribue au Premier ministre une compétence réglementaire de principe à l'échelon national.

En revanche, les ministres ne disposent en théorie d'aucun pouvoir réglementaire : aucune disposition de la Constitution ne le leur accorde. Néanmoins, le Conseil d'État a reconnu qu'ils étaient compétents pour réglementer les services de leur ministère, car ils en dirigent l'action (arrêt Jamart, 1936).

Par ailleurs, certaines autorités administratives indépendantes disposent également d'une compétence réglementaire en vertu de la loi qui organise leur fonctionnement.

Enfin, les collectivités territoriales bénéficient d'une compétence réglementaire pour le territoire dont elles ont la charge.

Le contenu de la compétence réglementaire

Le pouvoir réglementaire voit sa compétence définie par l'article 37 de la Constitution : « Les matières autres que celles qui sont du domaine de la loi ont un caractère réglementaire. »

La formule est très large, puisque tout ce qui n'appartient pas au domaine du législateur constitue la compétence réglementaire. Le domaine de la loi est précisé par l'article 34 de la Constitution et l'article 37, dont le but est d'encadrer les pouvoirs du Parlement, précise que celui-ci doit se cantonner au domaine législatif (les lois devant être générales et impersonnelles) sans empiéter sur le domaine réglementaire (qui est par nature plus contextuel, voire personnalisé dans la mesure où il s'adresse à un certain public).

Le contrôle de l'action du pouvoir réglementaire

Comme toute source de droit positif, le pouvoir réglementaire est contrôlé de différentes manières :

- Les projets d'actes réglementaires (comme les décrets) sont soumis au Conseil d'État, qui rend un avis sur la conformité du texte au droit ; ce premier contrôle n'est pas contentieux, il est bienveillant et vise à produire un texte de qualité qui ne risquera aucune censure.

- En cas de contentieux, les actes réglementaires peuvent faire l'objet d'un contrôle de constitutionnalité (pour vérifier qu'ils sont conformes à la Constitution) ou de conventionnalité (pour vérifier qu'ils sont conformes aux traités internationaux).
- Le juge administratif peut refuser de reconnaître la légalité de certains actes réglementaires qui lui sont déférés (voir la théorie de l'acte de gouvernement dans la fiche n° 8).

– Quiz –

1 – Quel article de la Constitution attribue au Premier ministre une compétence réglementaire de principe ?

□ A – L'article 11.
□ B – L'article 21.
□ C – L'article 31.

2 – Quels sont le contenu et l'étendue de la compétence réglementaire ?

□ A – Les matières autres que celles qui sont du domaine de la Constitution ont un caractère réglementaire.
□ B – Les matières autres que celles qui sont du domaine du droit international ont un caractère réglementaire.
□ C – Les matières autres que celles qui sont du domaine de la loi ont un caractère réglementaire.

3 – Qui contrôle le pouvoir réglementaire ?

□ A – Le juge administratif.
□ B – Le Conseil d'État.
□ C – Le Conseil constitutionnel.

Réponses : 1, B ; 2, C ; 3, A, B et C.

✪ CONSEIL DE COACH ✪

ⓘ Le plaisir, c'est ce qui reste quand tout est raté !

Rien ni personne ne peut garantir que ce que vous êtes en train de faire va fonctionner. Alors pourquoi vous embêter avec quelque chose qui vous cause plus de peine que de plaisir ? La vie est courte et votre temps est ce que vous avez de plus précieux ; il ne faut pas le gaspiller avec des bêtises en courant après une hypothétique gloire.

Cela ne veut pas dire qu'il faut fuir les contraintes. Il y a des contraintes nécessaires (respecter un budget pour ne pas se retrouver dans le rouge) et des contraintes créatives (écrire en alexandrins pour inventer un poème fluide) ; mais si ce que vous faites n'a aucun sens... qu'est-ce qui vous empêche de changer de sens ?

Mieux vaut faire ce qu'on aime, même si on s'en tire mal, que de se sentir mal parce qu'on ne fait pas ce qu'on aime. Si votre projet tombe à l'eau, si votre entreprise s'écroule, si votre concours ne débouche sur rien, si votre gâteau s'avère immangeable... il vous restera le plaisir de l'avoir fait.

FICHE N° 8

Les limites au principe de légalité

L'administration est parfois conduite à s'émanciper du respect de la légalité administrative en raison d'actes ou de circonstances particuliers. Dans ces hypothèses, elle assouplit son contrôle et tolère des atteintes au principe selon lequel l'administration se soumet au droit.

La théorie de l'acte de gouvernement

La théorie de l'acte de gouvernement permet au juge administratif de refuser de reconnaître la légalité de certains actes qui lui sont déférés.

Ce sont généralement des actes peu nombreux, qui concernent par exemple les relations entre les pouvoirs publics, tels un décret de dissolution de l'Assemblée nationale ou un décret de nomination d'un membre du Conseil constitutionnel par le président de la République. Il peut aussi s'agir d'actes relatifs au « domaine réservé », c'est-à-dire tout ce qui englobe les relations internationales et l'exercice des fonctions miliaires, comme une décision de continuer des essais nucléaires.

Les circonstances exceptionnelles

Les circonstances exceptionnelles s'appuient sur une théorie jurisprudentielle qui conduit le juge administratif àreconnaître à l'administration un pouvoir exceptionnel qui peut contrevenir à ses attributions originelles.

Bien sûr, il ne suffit pas qu'une situation soit imprévue pour qu'elle soit considérée comme exceptionnelle. Il doit s'agir de situations créées par des événements d'origine naturelle ou non, affectant l'ordre public et la sécurité ou la continuité des services publics (comme une éruption volcanique ou une épidémie de peste).

Les régimes textuels d'exception

Au-delà des circonstances exceptionnelles, le pouvoir constituant et le législateur ont introduit des régimes d'exception, qui sont une dérogation au principe de soumission de l'administration au droit.

En premier lieu, l'article 16 de la Constitution permet au président de la République de prendre ce que l'on appelle «les pleins pouvoirs». Ce mécanisme lui confère le pouvoir législatif et le pouvoir réglementaire, ce qui lui permet d'agir dans l'urgence. Cette mise en œuvre suppose que les institutions de la République, l'indépendance de la Nation, l'intégrité de son territoire ou l'exécution de ses engagements internationaux soient menacées d'une manière grave et immédiate, et que le fonctionnement régulier des pouvoirs publics constitutionnels soit interrompu.

L'article 16, voie expresse vers la dictature?

Contrairement aux idées reçues, et même si c'est une disposition controversée, l'article 16 n'est pas une porte ouverte à la dictature, car il donne également un droit d'information aux plus hautes autorités constitutionnelles et à la Nation tout en rendant l'Assemblée nationale indissoluble pendant cette période.

L'ensemble de ces conditions réduit à peau de chagrin son application, c'est pourquoi il a été mis en œuvre une seule fois depuis le début de la Ve République.

En deuxième lieu, l'article 36 de la Constitution prévoit l'état de siège, qui est une mesure résultant d'une décision du gouvernement sous contrôle du Parlement. Ce régime permet un transfert des pouvoirs de police de l'autorité civile à l'autorité administrative. Il n'a jamais été utilisé sous la Ve République.

En troisième lieu, on peut citer l'état d'urgence, qui permet à l'autorité administrative de restreindre les libertés des administrés (notamment la liberté de circulation). Ces restrictions sont permises soit en cas de péril imminent résultant d'atteintes graves à l'ordre public (comme des actes terroristes de grande intensité), soit en cas de calamité publique (comme une catastrophe naturelle d'une ampleur exceptionnelle). Ce dispositif a été déclenché suite aux attentats de Paris le 13 novembre 2015, mais il a cessé avec la pérennisation en droit commun de certaines de ses mesures.

– Quiz –

1 – Que permet la théorie de l'acte de gouvernement ?

□ A – Le juge administratif peut refuser de reconnaître la légalité de certains actes.
□ B – Le gouvernement peut refuser de reconnaître la légalité de certains actes.
□ C – Le juge peut se substituer au gouvernement pour élaborer les actes administratifs.

2 – Qu'est-ce qui qualifie une circonstance exceptionnelle ?

□ A – Des événements affectant l'ordre public et la sécurité.
□ B – Des événements imprévus et imprévisibles.
□ C – Des événements affectant la continuité des services publics.

3 – Que prévoit l'article 36 de la Constitution ?

□ A – L'état d'urgence.
□ B – L'état de siège.
□ C – Les pleins pouvoirs.

Réponses : 1, A ; 2, A et C ; 3, B.

✪ CONSEIL DE COACH ✪

ⓘ Faut-il vraiment aller en TD ?

Oui, ce n'est toujours pas facile de se lever le vendredi matin pour aller en TD de droit civil alors que l'on a abusé (de quoi ?) la veille...

Pourtant, c'est bien là que vous apprendrez ce qu'il est important de retenir et les points sur lesquels vous devez vous concentrer. Cela vous évitera de réviser tout et n'importe quoi au lieu de vous concentrer sur l'essentiel.

Le TD permet surtout d'entretenir un lien privilégié avec votre chargé de TD qui est la personne la plus apte à vous aider et qui vous notera tout au long du semestre, alors rendez vous-y !

Enfin ne jamais oublier que le TD est par excellence le lieu d'apprentissage de la méthode juridique. Outre la construction des plans, la réalisation des cas pratiques, des commentaires, c'est aussi l'occasion de se former à la prise de parole.

FICHE N° 9

La notion de service public

Dans son acception générale, la notion de service public peut désigner deux choses :

- Au sens matériel, une activité d'intérêt général, assurée par un organisme (public ou privé) sous le contrôle de la puissance publique.
- Au sens organique, un organisme public gérant un service public (généralement une administration ou un établissement public).

Ainsi, s'il est facile de reconnaître un service public organique (la gendarmerie, l'école, etc.), il est beaucoup plus difficile de définir un service public au sens matériel du terme. Le juge administratif a donc adopté certains critères :

- Une activité assurée par une personne publique est présumée être un service public (alors que la présomption inverse joue pour les activités exercées par des organismes privés).
- Une activité d'intérêt général doit être suffisamment « noble » pour mériter cette qualification, ce qui est à la fois très subjectif et évolutif, en fonction de l'époque et des mœurs.

Les missions de service public

L'exercice des activités régaliennes a toujours été revendiqué par la puissance publique : l'armée, la justice, la monnaie, la diplomatie et le maintien de l'ordre. Pour autant, entre les déclarations et la réalité, il y a parfois un fossé :

- Les activités militaires peuvent être confiées à des mercenaires ou des sociétés militaires privées.
- Il existe des tribunaux qui ne sont pas du ressort de l'État (par exemple, les tribunaux internationaux).
- On dénombre des monnaies privées, des monnaies communes, des cryptomonnaies, etc.
- La diplomatie peut être prise en charge par le secteur privé ou des organisations religieuses.
- Les activités de police peuvent être déléguées à des consultants et des entreprises.

Aux activités régaliennes s'ajoute la gestion des situations de crise : catastrophes naturelles, épidémies, famines... Le souverain (monarque ou État) doit en effet prendre en charge ces situations aussi bien par devoir moral que pour éviter des émeutes, susceptibles de dégénérer.

Par ailleurs, concernant les fonctions de service public remplies par le secteur public, on distingue deux types d'activités :

- Celles qui relèvent des prérogatives essentielles de la collectivité, et que celle-ci doit assumer directement (comme l'organisation des élections ou la tenue de l'état civil).
- Celles qui relèvent du secteur administré ou du secteur marchand, mais que le secteur public a prises en main (comme les transports ou les infrastructures de communication).

Si les premières ne peuvent pas être prises en charge par un partenaire extérieur, il existe diverses modalités de mise en œuvre pour les secondes.

La mise en œuvre du service public

Les activités d'un service public sont soumises à un régime juridique spécifique, mais leur mise en œuvre par les collectivités publiques peut se faire de différentes manières :

- La mise en œuvre directe, en assumant quotidiennement le service public.
- La mise en œuvre par un prestataire (public ou privé).
- La délégation de service public.
- La contractualisation, précisant la mission et la contrepartie.
- L'encadrement législatif et statutaire particulier (par exemple pour les notaires).

Les obligations du service public

Dès lors qu'une activité est considérée comme un service public, elle est régie par certains principes fondamentaux ou « lois de Rolland » (voir la fiche n° 11) et les agents qui y contribuent doivent respecter certaines obligations :

- La neutralité et la laïcité, ce qui signifie qu'ils ne doivent pas exprimer d'opinion politique ou religieuse dans le cadre de leur fonction (chaque usager a droit au même service).
- La réserve, dont les collaborateurs du service public ne doivent pas se départir dans l'expression de leurs opinions (il faut garder son calme devant chaque usager).
- La primauté de l'intérêt général, lequel ne doit pas être subordonné à des intérêts privés ou personnels (des agents comme des décideurs).

– Quiz –

1 – Les activités régaliennes sont-elles une mission de service public ?

- □ A – Oui, l'État a le monopole des fonctions régaliennes.
- □ B – Oui, mais l'État peut déléguer ces missions.
- □ C – Non, l'État n'est pas obligé de remplir ces missions.

2 – Comment un service public peut-il être mis en œuvre ?

- □ A – Par une contractualisation avec un tiers.
- □ B – Par une délégation auprès des citoyens.
- □ C – Par une délégation de service public.

3 – Quelles sont les obligations du service public ?

- □ A – La laïcité.
- □ B – La neutralité.
- □ C – La gratuité.

Réponses : 1, B ; 2, A et C ; 3, A et B.

✪ CONSEIL DE COACH ✪

ⓘ La méthode de l'entonnoir pour répondre aux questions de cours

Imaginons une situation où vous devez répondre à une question de cours. Afin d'avoir un raisonnement logique et cohérent, il est recommandé d'utiliser la méthode de l'entonnoir, qui met en œuvre un principe simple : partir du général pour aller au particulier.

Par exemple, vous avez un sujet sur « le contrat administratif ». Plutôt que de répondre directement à la question et de parler d'emblée du contrat administratif, vous pouvez d'abord expliquer ce qu'est l'action administrative et quelles sont les formes qu'elle prend en prenant soin d'évincer de votre propos l'autre grand mode d'action administrative qu'est l'acte administratif unilatéral. Puis évoquez une définition générale du contrat, la finalité qu'il remplit et la raison actuelle de la préférence que l'on lui accorde. Puis enfin finissez par traiter véritablement le sujet.

Vous êtes ainsi parti du général (les modes d'action administrative) pour aller au particulier (le contrat administratif).

FICHE N° 10

Le régime du service public

La création du service public est un monopole des personnes publiques chargées de poursuivre la satisfaction de l'intérêt général. Parmi ces personnes publiques, c'est le pouvoir réglementaire qui est compétent en principe pour créer un service public ; pour mémoire, tout ce qui n'est pas du domaine de la loi (art. 34 de la Constitution) est confié au pouvoir réglementaire (art. 37).

Ainsi, il appartient à une mairie de créer un service public municipal, à un conseil départemental de créer un service public départemental, etc. Toutefois, il est possible que le législateur reprenne la main dans certaines hypothèses :

- Pour créer des catégories d'établissements publics.
- Pour rendre un service public obligatoire au sein d'une collectivité territoriale.

La suppression du service public

En suivant le principe du parallélisme des formes, l'autorité compétente pour la création du service l'est aussi pour sa suppression (une mairie peut ainsi supprimer un service public qu'elle avait antérieurement créé). Les raisons de cette suppression peuvent être multiples :

- Le principe de mutabilité commande une suppression du service quand il ne répond plus à l'intérêt général.

- Une suppression est possible pour des raisons techniques (ressource manquante, changement de contexte qui rend impossible la mise en œuvre, etc.).
- Une suppression est possible pour des raisons politiques (promesse de campagne, économie budgétaire, etc.).

La distinction entre le SPA et le SPIC

Si le service public englobe un grand nombre d'activités, on peut factuellement le diviser en deux grandes catégories :

- Le service public administratif (SPA), qui est réalisé par une personne publique.
- Le service public industriel et commercial (SPIC), qui peut être confié à une personne privée selon la jurisprudence (Tribunal des conflits, Société commerciale de l'Ouest africain, 1921).

Pour identifier de quel type de service public on parle, c'est un arrêt du Conseil d'État de 1956 qui est venu préciser les critères en posant pour principe que le service public est présumé administratif, sauf à réunir les 3 conditions cumulatives suivantes :

- Le service public doit être comparable dans ses modalités de fonctionnement avec celui d'une entreprise exerçant une activité privée, par exemple dans sa gestion et son organisation (si l'activité est réglementée et apparaît exorbitante dans son fonctionnement, le service est administratif).
- L'objet du service doit être apparenté à celui d'une activité privée, par exemple avec la production de biens ou de services dans un contexte concurrentiel (si l'activité est monopolistique, le service est administratif).
- Les ressources du service doivent être majoritairement issues des usagers en contrepartie du service rendu

(si un service est gratuit ou financé exclusivement par l'impôt, le service est administratif).

En présence de ces trois éléments qui constituent un faisceau d'indices, le juge reconnaîtra un service public industriel et commercial, qui pourra alors être confié à une société privée. Néanmoins, cette qualification peut être délicate dans deux hypothèses :

- Le service public peut être à double visage, par exemple si la personne publique exerce à la fois un service public industriel et commercial et une mission de service public administratif ; pour résoudre ce conflit, on prend en compte l'activité déterminante et principale de la personne publique.
- Le service public peut être à visage inversé, c'est-à-dire que le juge peut découvrir qu'un service public administratif est exercé par une personne privée et vice versa ; le juge doit alors rétablir la qualification idoine.

Les conséquences de la distinction entre SPA et SPIC

La distinction entre SPA et SPIC peut sembler technique, mais elle n'est pas sans conséquences :

- En principe, le juge administratif tranche le contentieux impliquant un service public administratif et applique le droit public, tandis que le droit privé est appliqué par le juge judiciaire dans le contentieux impliquant un service public industriel et commercial.
- La qualification du statut de travail des agents du service public est aussi différente, puisque les agents du service public administratif sont des agents publics (Tribunal des conflits, Berkani, 25 mars 1996) tandis que les agents du service public industriel et commercial sont

des salariés de droit privé (exception faite du directeur du service et du comptable, s'il a la qualité de comptable public).

- En cas de responsabilité engagée pour un dommage causé par le service public, la responsabilité administrative s'appliquera pour un SPA alors qu'il s'agira de la responsabilité civile pour un SPIC.

– Quiz –

1 – Qui peut créer un service public ?

□ A – Une entreprise privée disposant du pouvoir d'initiative.
□ B – Une association disposant d'un agrément d'intérêt général.
□ C – Une personne publique disposant du pouvoir réglementaire.

2 – Qui peut supprimer un service public ?

□ A – Le président de la République.
□ B – L'autorité qui a créé ce service public.
□ C – Le préfet.

3 – Qu'est-ce qu'un SPIC ?

□ A – Un service public d'intérêt commercial.
□ B – Un service public industriel et commercial.
□ C – Un service public pour l'industrie et le commerce.

Réponses : 1, C ; 2, B ; 3, B.

✪ CONSEIL DE COACH ✪

ⓘ ***Your network is your net worth***

Désolé de vous faire de la peine, mais il faut le savoir : à part votre mère, personne ne s'intéresse à votre mention au baccalauréat. *Idem* pour votre diplôme d'université. On attend de vous un savoir-être et un savoir-faire, et cela s'apprend rarement sur les bancs de l'école. D'autant plus que votre réseau compte beaucoup, beaucoup, beaucoup plus que vos diplômes.

Prenez l'exemple des énarques : pensez-vous qu'ils se distinguent par une formation performante particulièrement en phase avec les besoins de la société... ou par un puissant réseau d'entraide qui les aide à obtenir des postes importants ?

Cela ne veut pas dire qu'il ne faut pas faire d'études, bien au contraire. En ce qui nous concerne, notre cursus a été un élément déclencheur de nos parcours, en nous permettant de rencontrer beaucoup de monde, de nous impliquer dans des réseaux associatifs, de nous investir dans des projets collectifs... Nos mandats étudiants et nos projets para-universitaires ont souvent été de parfaits alibis pour solliciter des rendez-vous auprès de personnes que nous n'aurions jamais rencontrées autrement !

Et puis, une règle classique de la psychologie sociale veut que vous deveniez la moyenne des cinq personnes que vous fréquentez le plus, d'où l'importance de ne pas fréquenter n'importe qui...

FICHE N° 11

Les principes fondamentaux du service public

Le service public est régi par plusieurs principes appelés «principes fondamentaux régissant le service public», ou «lois de Rolland» car ces principes ont été conçus par Louis Rolland dans les années 1930. À l'origine, ils sont au nombre de trois: la continuité du service public, la mutabilité du service public et l'égalité du service public.

Les principes fondamentaux classiques ou lois de Rolland

Le principe de continuité signifie que le service public doit fonctionner en continu, c'est-à-dire sans interruption anormale. De ce principe découlent plusieurs règles de droit public comme la réglementation du droit de grève pour les fonctionnaires ou encore l'inaliénabilité du domaine public. L'idée générale est de protéger le service public, son personnel et ses biens afin de s'assurer qu'ils pourront remplir leur fonction régulièrement.

Le principe de mutabilité ou d'adaptabilité postule que le service public doit être aligné sur le fonctionnement global de la société; l'évolution de cette dernière peut donc impliquer la mutation du service public. En conséquence, et contrairement à une idée répandue, les usagers n'ont pas le droit au maintien d'un service public. Parfois, par exemple, des considérations économiques entrent en jeu face à ce qui peut apparaître comme l'intérêt général.

Le principe d'égalité est un principe qui conduit à assurer l'égalité de tous les administrés devant le service public (art. 1er de la Déclaration des droits de l'homme et du citoyen). Il interdit la discrimination et le traitement différencié d'administrés dans une situation identique. En revanche, ce principe ne s'oppose ni à ce que le législateur règle de façon différente des situations différentes, ni à ce qu'il déroge à l'égalité pour des raisons d'intérêt général, à condition que la différence de traitement qui en résulte soit en rapport direct avec l'objet de la loi qui l'établit.

Les principes fondamentaux récents

Aux lois de Rolland se sont ajoutés de nouveaux principes, visant en particulier la modernisation du service public dans un contexte budgétaire contraint. Ainsi, le principe de qualité du service public postule que le service public se doit d'être performant, efficace ou efficient.

La transparence du service public est un autre principe nouveau qui oblige les gestionnaires du service à délivrer une information aux administrés quant au fonctionnement de ce service le plus largement possible (*via* des brochures, des réponses aux courriers, des sites Internet, etc.). Les nouvelles normes sur l'*open data* vont renforcer ces obligations des administrations[1].

En revanche, la gratuité du service ne constitue pas un principe fondamental du service public. Cette modalité

1. Sur le sujet, voir *Juris' Data*, de Rémi Raher, Jacques Priol et Jordan Esnault, Enrick B. Éditions, 2018.

d'accès au service public ne s'impose qu'en présence d'un service public obligatoire. Et il ne faut pas oublier qu'en réalité, la gratuité dont bénéficie l'usager implique un coût supporté par la collectivité... donc par l'impôt.

– Quiz –

1 – Qu'est-ce que le principe de mutabilité ?

□ A – Les agents publics peuvent être mutés pour assurer le fonctionnement de la société.
□ B – Le service public doit être aligné sur le fonctionnement global de la société.
□ C – Le service public doit pouvoir muter pour faire plaisir à la société.

2 – Quelles sont les lois de Rolland ?

□ A – L'égalité du service public.
□ B – La mutabilité du service public.
□ C – La continuité du service public.

3 – Qu'est-ce qui ne constitue pas un principe fondamental du service public ?

□ A – La qualité.
□ B – La gratuité.
□ C – La transparence.

Réponses : 1, B ; 2, A, B et C ; 3, B.

✪ CONSEIL DE COACH ✪

ⓘ **Faut-il faire des fiches pour réviser ?**

Pour réviser facile et travailler utile, ne cherchez pas à réinventer l'eau tiède : faites des fiches.

Peut-être en avez-vous déjà fait au collège ou au lycée ? Eh bien, continuez, mais apprenez à bien procéder. En un mot comme en cent : élaguez.

D'ailleurs, c'est la principale compétence que vous allez développer au cours de vos études de droit. Après votre licence, voire après votre master, vous ne serez peut-être pas (pardon : sans doute pas) le plus brillant des juristes, mais vous aurez une compétence (assez) rare : savoir trouver une information dans une masse de documents.

Alors, ne perdez pas de temps, entraînez-vous dès maintenant !

FICHE N° 12

La distinction entre police administrative et police judiciaire

Si les séries télévisées nous présentent souvent des policiers en uniforme et des enquêteurs en blouson de cuir, la police recouvre en fait (et en droit) de nombreuses réalités. Un policier peut par exemple faire usage d'une arme, mais on dit aussi qu'un maire exerce son pouvoir de police.

Et si on parle souvent de « la police » pour désigner les fonctionnaires en uniforme, celle-ci n'est pas un acteur ni un ensemble de moyens humains ou matériels. On ne peut donc pas définir la police de manière organique, c'est-à-dire en tenant compte de l'organe qui exerce le pouvoir de police. Car la police est essentiellement une mission, une activité et une action. Ainsi, un fonctionnaire des services de la police nationale peut exercer une mission de police administrative, même s'il est affecté à une unité de police judiciaire.

Il faut donc distinguer les deux activités :

- La police judiciaire vise à réprimer les atteintes à l'ordre public lorsqu'elles sont constitutives d'une infraction pénale.
- La police administrative est de nature préventive et vise à éviter que l'ordre public soit troublé.

La police judiciaire

La police judiciaire peut être définie comme l'activité qui consiste à assurer la constatation des infractions à la loi pénale, rassembler les preuves et rechercher les auteurs (art. 14 du Code pénal). Elle intervient après la constitution de l'infraction afin d'y mettre un terme ; elle est donc répressive.

Cette activité de police judiciaire est confiée à différentes entités, aux termes du Code de procédure pénale :

- Aux officiers de police judiciaire, et il y en a beaucoup : le maire et ses adjoints, les officiers et les gradés de la gendarmerie ainsi que les fonctionnaires du corps d'application et d'encadrement de la Police nationale après réussite d'un examen professionnel.
- Aux agents de police judiciaire et agents de police judiciaire adjoints (principalement les gendarmes et les fonctionnaires de la Police nationale n'ayant pas la qualité d'officier de police judiciaire).
- Aux fonctionnaires et agents auxquels sont attribuées par la loi certaines fonctions de police judiciaire (certains vigiles sont habilités à constituer des procès-verbaux de constat d'infraction, qu'ils doivent adresser au procureur de la République).

La police administrative

La police administrative est l'activité qui a pour but d'assurer la sauvegarde de l'ordre public par la prévention. Cette activité de police est sans lien avec une infraction spécifique, ce qui signifie que la police administrative ne concerne pas la réalisation d'une infraction déterminée (elle ne peut concerner que les troubles à l'ordre public en des termes généraux). Activité déployée afin d'éviter la commission d'une infraction, elle est préventive et intervient avant la commission de l'infraction.

Les difficultés de qualification de l'activité de police

La qualification de l'activité de police peut parfois poser des difficultés, notamment parce que les agents investis de pouvoirs de police judiciaire peuvent effectuer des missions de police administrative.

De plus, il arrive qu'une activité de police judiciaire intervienne en cumul d'une activité de police administrative. Par exemple, un fonctionnaire de police effectue une ronde (action de prévention) au cours de laquelle il constate une infraction et interpelle le ou les auteurs (action de répression). Pour déterminer de quelle activité il s'agit, il faut rechercher les intentions réelles de l'auteur de l'acte de police (Tribunal des conflits, Dame Noualek, 7 juin 1951).

Enfin, il y a un risque de changement de l'activité de police à tout moment. Par exemple, une entreprise demande à la police d'escorter régulièrement un employé (action de prévention), mais un vol se produit un jour, ce qui conduit les policiers à pourchasser l'auteur (action de répression). La jurisprudence considère alors qu'il faut regarder la mission dans sa globalité par rapport à l'objectif principal (Conseil d'État, Consorts Ferran, 18 mars 1981).

Les conséquences de la qualification

Si la distinction entre police administrative et police judiciaire peut sembler technique, elle n'est pourtant pas sans conséquences, essentiellement pour deux raisons :

- On apprécie la légalité de l'action de police au regard de sa nature judiciaire ou administrative (compétence, droit applicable, etc.).

- On attribue au juge administratif la compétence du contentieux de police administrative (principalement le contentieux indemnitaire suite à un dommage causé par l'activité), tandis que l'on attribue au juge judiciaire la faculté de juger le contentieux de police judiciaire.

– Quiz –

1 – Un agent qui contrôle l'identité d'un automobiliste effectue une mission de :

- □ A – Police administrative.
- □ B – Police judiciaire.
- □ C – Il ne s'agit pas d'une mesure de police.

2 – Un agent qui effectue une vérification d'identité car il soupçonne que la personne contrôlée a présenté une fausse pièce d'identité effectue une mission de :

- □ A – Police administrative.
- □ B – Police judiciaire.
- □ C – Il ne s'agit pas d'une mesure de police.

3 – La police administrative est :

- □ A – Préventive.
- □ B – Répressive.
- □ C – Expressive.

Réponses : 1, A ; 2, B ; 3, A.

✪ CONSEIL DE COACH ✪

ⓘ Pourquoi préparer ses TD ?

Les TD permettent un approfondissement des notions abordées en cours magistral. Ils sont donc très utiles pour s'entraîner à manier les concepts juridiques et pour poser toutes les questions imaginables à votre chargé de TD. Dès lors, pour que ces séances vous soient bénéfiques, il faut vous y préparer au mieux.

Pour cela, apprenez le cours relatif à la thématique du prochain TD, et surtout lisez les arrêts et autres documents se trouvant dans le fascicule que votre enseignant vous a remis. Dans l'idéal, faites aussi les exercices qui vous sont demandés. C'est parfois pénible, mais c'est indispensable pour voir dans quelle épreuve vous êtes à l'aise et identifier ce qui vous met en difficulté (afin de mieux le corriger, et non l'éviter !). Enfin, allez lire la doctrine dans les revues spécialisées si vous le pouvez, cela vous permettra de multiplier les points de vue et les arguments sur un même sujet.

FICHE N° 13

La notion de police administrative

Dans la fiche précédente, la police administrative a été définie comme une activité visant à sauvegarder l'ordre public par la prévention. Pour légitimer son action, elle s'appuie sur cette mission, mais encore faut-il préciser ce qu'est l'ordre public, car il recouvre de nombreuses réalités.

Même si elle est prévue dans les textes, l'interprétation de la notion d'ordre public vient du juge administratif, qui est libre de l'entendre et de l'étendre en fonction du contexte jugé. C'est donc une notion vivante, qui peut évoluer en fonction des mutations sociales.

La définition textuelle de l'ordre public

Classiquement, l'ordre public est défini par un triptyque issu de l'article L. 2212-2 du Code général des collectivités territoriales (CGCT), lequel retient trois éléments :

- La tranquillité publique, qui consiste à préserver le calme des citoyens (par exemple, l'administration doit lutter contre les troubles sonores résultants de manifestations ou d'activités de fête).
- La sécurité publique, qui consiste à éviter les accidents, les dommages corporels ou matériels.
- La salubrité publique, qui consiste à assurer l'hygiène publique, la salubrité des eaux, la réglementation de

l'assainissement ou encore la protection de la santé publique (par exemple, en luttant contre le tabagisme passif, Conseil d'État, Le Gac et autres, 19 mars 2007).

Le mot-clé de ces trois éléments est bien sûr « publique » : ils ne doivent pas se cantonner à une personne ou un groupe réduit de personnes mais au contraire viser toute la collectivité (vous êtes libre de fumer dans votre salon et de laisser traîner un couteau par terre en présence de vos amis).

L'extension jurisprudentielle de l'ordre public

Devant les lacunes de l'article L. 2212-2 du CGCT, le juge a étendu la définition de l'ordre public à deux autres domaines :

- La moralité publique, avec une définition assez large qui recouvre la bonne morale, les bonnes mœurs et la décence publique (Conseil d'État, Dames Hubert et Crépelle, 11 décembre 1946).
- La dignité humaine, c'est-à-dire le respect de la dignité de la personne humaine comme composante particulière de l'ordre public, au regard de la légalité des atteintes qui peuvent être portées à cette composante (par exemple, le juge a considéré qu'un lancer de nain n'était pas autorisé, même avec l'accord dudit nain, Conseil d'État, Morsang-sur-Orge, 27 octobre 1995).

En revanche, le juge a rejeté certaines notions comme ne faisant pas partie de l'ordre public : c'est par exemple le cas de l'esthétique, qui ne peut pas être utilisé comme une composante de l'ordre public général (mais peut parfois justifier des mesures de la police spéciale des affichages publicitaires).

La classification des polices administratives

La police administrative peut être soit générale, soit spéciale :

- La police administrative générale est la police fondée à intervenir pour la protection de l'ordre public dans sa définition la plus générale.
- La police spéciale est une police qui est attribuée expressément par un texte et concerne un aspect spécifique de l'ordre public.

La police administrative peut en outre être locale, en s'exerçant sur un territoire délimité et réduit (par exemple, une commune), ou nationale, en s'exerçant sur le territoire national ou une zone géographique large.

Ces pluralités de polices amènent à des conflits de compétence, envisagés dans la fiche suivante.

– Quiz –

1 – Quels sont les trois éléments qui définissent l'ordre public selon le CGCT ?

- □ A – La tranquillité publique, la sécurité publique et la salubrité publique.
- □ B – La tranquillité publique, la sécurité publique et la moralité publique.
- □ C – La tranquillité publique, la sûreté publique et la salubrité publique.

2 – Quels sont les éléments jurisprudentiels de l'ordre public ?

- □ A – La salubrité publique et la dignité humaine.
- □ B – La moralité publique et la dignité humaine.
- □ C – La moralité publique et l'indignité humaine.

3 – Qu'est-ce qu'une police administrative spéciale ?

- □ A – Une police organisée expressément par un texte pour un aspect spécifique de la sécurité publique.
- □ B – Une police organisée expressément par un texte pour un aspect stratégique de la moralité publique.
- □ C – Une police organisée expressément par un texte pour un aspect spécifique de l'ordre public.

Réponses : 1, A ; 2, B ; 3, C.

✪ CONSEIL DE COACH ✪

ⓘ La simplicité est le plus court chemin vers l'excellence

Nous sommes tous programmés pour aller vers l'excellence, à condition de se donner les moyens d'y arriver. Bien sûr, il y a des personnes plus douées que d'autres, des types brillants qui ont fait de grandes études, des personnes hypercharismatiques qui ont plein d'idées et tout ce qu'on veut, mais il y a quand même une constante: personne ne réussit sans travailler.

On peut donc se creuser la tête pour inventer des stratégies compliquées et faire des schémas dans tous les sens, mais la probabilité que tout se déroule comme prévu est faible, surtout si vous n'arrivez pas à faire comprendre vos idées aux autres. Autant que possible, il faut donc simplifier tout ce qu'on peut simplifier, afin de le partager avec le plus grand nombre et d'entraîner des partenaires dans le mouvement.

FICHE N° 14

La légalité des mesures de police administrative

La légalité des mesures de police administrative répond à plusieurs règles précises, toutes ou presque élaborées par le juge.

La première et la plus importante est la légalité de la délégation de l'activité de police administrative. La délégation de ces pouvoirs est très encadrée. Ainsi, un arrêt rendu par le Conseil d'État (Castelnaudary, 1932) pose le principe de l'interdiction de toute délégation de la mission de police administrative par contrat à une personne privée.

En théorie, les agents doivent donc être placés sous l'autorité directe de l'administration. Néanmoins, une brèche a été ouverte dans cette jurisprudence, car la loi reconnaît de plus en plus des pouvoirs de police à des personnes privées, en particulier dans le domaine de la sécurité. Mais cette possibilité reste encore limitée et très encadrée.

Les critères de légalité des mesures de police administrative

Depuis l'arrêt Benjamin rendu en 1933, le juge retient qu'une mesure de police administrative est légale si elle est :

- Adaptée, c'est-à-dire de nature à faire cesser le trouble.

• Nécessaire, ce qui signifie que des circonstances locales particulières doivent justifier la mesure prise.

• Proportionnée, en ce qu'elle doit être la moins attentatoire possible aux libertés (la liberté est la règle et la restriction l'exception ; les mesures générales et absolues sont prohibées).

Dans les faits, le juge administratif ne recherche pas méthodologiquement et consciencieusement tous ces éléments, ce qui conduit parfois à nuancer ces règles et à nourrir de nombreux contentieux au sujet des mesures de police administrative, en particulier dans les jugements en référé.

Les conflits de compétence de police

Il arrive qu'un dépositaire de pouvoirs de police se substitue à un autre, soit parce que le contexte s'y prête, soit parce qu'il estime légitime de le faire, ce qui fait naître des conflits que le juge a résolus par sa jurisprudence.

Ainsi, l'autorité locale ne peut pas excéder la compétence géographique qu'elle possède en agissant en dehors de son périmètre. En revanche, une autorité nationale peut agir n'importe où sur le territoire, sans en référer aux autorités locales.

La police nationale peut donc prendre des mesures à l'échelle nationale, et la police locale peut souhaiter modifier ces mesures. Le cas échéant, la légalité de l'action de la police locale est subordonnée à l'existence de circonstances locales particulières justifiant son action, et l'autorité locale ne peut qu'aggraver la réglementation nationale. Un maire ne peut par exemple pas alléger une décision du Premier ministre concernant le territoire de sa commune.

Dans un autre domaine, une police spéciale ne peut empiéter sur la police générale mais une police générale peut agir concurremment avec une police spéciale, en se fondant précisément sur son pouvoir de police générale. Il existe cependant des exceptions : par exemple, les mesures d'ordre public dans une gare relèvent des pouvoirs de police spéciale du préfet de département.

L'autorité de police générale est parfois aussi titulaire de pouvoirs spéciaux. Dans ce cas, elle doit veiller à utiliser les pouvoirs les plus adéquats, car il existe un risque de détournement de procédure susceptible d'engager sa responsabilité et d'entacher la légalité de la mesure qu'elle adopte.

– Quiz –

1 – Que dit le Conseil d'État sur la légalité de la délégation de l'activité de police administrative ?

- □ A – Interdiction de déléguer une mission de police administrative par contrat à une personne morale.
- □ B – Interdiction de déléguer une mission de police administrative par contrat à une personne publique.
- □ C – Interdiction de déléguer une mission de police administrative par contrat à une personne privée.

2 – Quels sont les critères de légalité des mesures de police administrative ?

- □ A – Adaptée, pondérée et proportionnée.
- □ B – Adaptée, immédiate et proportionnée.
- □ C – Adaptée, nécessaire et proportionnée.

3 – De qui relèvent les mesures d'ordre public dans une gare ?

- □ A – De la SNCF.
- □ B – Du préfet.
- □ C – De la police ferroviaire.

Réponses : 1, C ; 2, C ; 3, B.

✪ CONSEIL DE COACH ✪

ⓘ L'importance des titres dans vos copies

Les chargés de TD et les profs ont de nombreuses copies à corriger : cela peut aller de quelques dizaines à plus d'une centaine... Partant de là, un correcteur prenant connaissance de votre copie fait deux choses : d'abord, il regarde si c'est globalement lisible ou si c'est un torchon, ensuite, il regarde à quoi ressemble votre plan en parcourant vos titres et sous-titres.

La formulation des titres est donc une étape importante de vos devoirs et vous devez viser plusieurs objectifs :

- Résumer en quelques mots le contenu de la partie abordée (le lecteur doit comprendre de quoi il est question en lisant uniquement les titres).
- Donner envie de lire la suite (le lecteur doit saisir l'enjeu ou la construction de votre démonstration en lisant les titres un par un).
- Dans l'idéal, faire sourire le correcteur (sans le faire rire) grâce à un trait d'humour ou un sens de la formule.

Il y a en revanche des choses à *ne pas* faire :

- Pas de verbes conjugués ou à l'infinitif dans les titres.
- Pas de titre sous forme de question.
- Pas de ponctuation (un titre n'est pas une phrase).

Enfin, n'oubliez pas de mettre vos titres en valeur en sautant des lignes, en les soulignant, etc. Plus ils seront faciles à identifier, plus votre correcteur sera dans de bonnes dispositions pour évaluer le reste de votre copie !

Enfin il vous faut toujours avoir à l'esprit qu'il n'y a pas de plan type et que chaque juriste doit développer une une démarche personnelle. Il n'y a d'ailleurs pas de recette et il faut absolument éviter les plans caricaturaux comme ceux consistant à terminer son grand I par trois points et à débuter la partie suivante de façon identique.

FICHE N° 15

La notion d'acte administratif unilatéral

Particularité juridique, l'acte administratif unilatéral (AAU) suppose d'être étudié mot à mot pour être bien compris :

- C'est un *acte* juridique, c'est-à-dire un comportement volontaire (une émanation de volonté et non un simple agissement).
- C'est un acte *administratif*, c'est-à-dire qu'il est édicté par une personne publique ayant la qualité d'autorité administrative (ni les personnes privées ni les personnes publiques non titulaires de la qualité d'autorité administrative ne peuvent en édicter).
- C'est un acte *unilatéral*, ce qui signifie qu'il s'impose aux tiers sans leur consentement (mais il peut être élaboré par plusieurs entités).

Les critères de l'AAU

L'acte administratif unilatéral doit obéir à deux critères principaux :

- L'AAU doit être exécutoire et obligatoire. Il modifie l'ordonnancement juridique en créant des droits ou des obligations qui s'imposent aux administrés (il autorise ou interdit, ce n'est pas une déclaration d'intention).
- L'AAU doit faire grief, ce qui signifie qu'il produit ses effets sur les droits et obligations d'une personne qui a

intérêt à le contester, en produisant des conséquences sur la situation de son destinataire (ce critère contraignant implique qu'un certain nombre d'actes administratifs ne sont pas susceptibles d'être justiciables).

Les actes administratifs unilatéraux non déférés au juge

Il y a d'abord ce que l'on appelle les «mesures d'ordre intérieur», c'est-à-dire des règles prises pour l'application interne dans un service administratif et qui en tant que telles ne sont pas suffisamment graves pour faire grief et causer un tort suffisant aux destinataires de la décision (ces règles sont légion dans les établissements pénitentiaires, l'armée ou les hôpitaux). À noter: ils tendent à se restreindre dans le but d'assurer une meilleure protection des droits des personnes.

Ensuite, les circulaires font l'objet d'un régime particulier. Ce sont des normes utilisées comme instruments d'information des services administratifs. Depuis un arrêt de 1954 (Conseil d'État, Notre-Dame du Kreisker), une distinction était opérée quant à la nature d'une circulaire:

- Certaines se bornent à rappeler l'état du droit applicable pour éclairer leurs destinataires; simplement interprétatives, elles ne sont pas susceptibles d'être transférées au juge.
- D'autres ajoutent de nouvelles contraintes à l'état du droit applicable et peuvent être soumises au juge, car elles sont impératives.

Néanmoins, depuis l'arrêt Duvignères rendu en 2002 par le Conseil d'État, cette distinction est abandonnée au profit de la recherche d'autres critères. Désormais, il faut regarder si la circulaire possède un caractère obligatoire (à travers un critère d'impérativité) ou si au contraire elle n'est pas impérative (et ne peut donc pas être déférée au juge). Formellement, la différence entre les arrêts rendus en 1964 et 2002 est assez mince...

Enfin, une dernière catégorie d'AAU, non déférables devant le juge, est apparue au fil du temps : celles des directives prises par l'administration elle-même afin de fixer la conduite de son action à travers des orientations. Pour être légaux, ces actes doivent lui accorder la possibilité d'agir en fonction des circonstances concrètes de son action (ils doivent donc être précis et directifs).

– Quiz –

1 – Qu'est qu'un acte unilatéral ?

- □ A – Il ne s'applique qu'une seule fois.
- □ B – Il s'impose aux tiers sans leur consentement.
- □ C – Il est élaboré par une ou plusieurs entités.

2 – Quels sont les critères de l'acte administratif unilatéral ?

- □ A – Il doit être exécutoire et obligatoire.
- □ B – Il doit donner une orientation claire.
- □ C – Il doit faire grief.

3 – Qu'est-ce qu'une mesure d'ordre intérieur ?

- □ A – C'est une mesure de sécurité des services administratifs.
- □ B – C'est une règle édictée pour l'application interne dans un service administratif.
- □ C – C'est une organisation hiérarchique interne.

Réponses : 1, B et C ; 2, A et C ; 3, A, B et C.

✪ CONSEIL DE COACH ✪

ⓘ **Le cours du prof, c'est rarement suffisant!**

Que vous alliez en cours magistral ou non, il ne faut pas vous contenter du cours dicté par votre enseignant en vous disant que c'est largement suffisant. Au contraire, essayez de l'approfondir autant que possible.

Pour cela, consultez des livres volumineux sur telle ou telle matière, ainsi que la doctrine, c'est-à-dire les opinions des professeurs, magistrats ou avocats sur un sujet. Si vous ajoutez des éléments extérieurs au cours à vos dissertations et commentaires, les copies que vous rendrez seront plus complètes... et mieux notées!

Par exemple, vous savez certainement que la personnalité juridique commence dès la naissance. Pour autant, cette remarque est relativement imprécise. Le nouveau-né devient-il une personne à partir du moment où il est hors du ventre de sa mère, ou seulement lorsque le cordon ombilical est coupé, dans la mesure où ce n'est qu'à compter de ce moment qu'il est détaché de sa mère?

Vous ne vous étiez peut-être jamais posé la question, et pourtant, elle fait l'objet de longs développements chez les auteurs... Allez jeter un coup d'œil pour vérifier!

FICHE N° 16

Le régime de l'acte administratif unilatéral

Parmi les actes administratifs unilatéraux (AAU), on distingue deux sous-catégories :

- Les actes administratifs unilatéraux à caractère individuel.
- Les actes administratifs unilatéraux à caractère réglementaire.

Pour identifier de quel type d'AAU il s'agit, il suffit d'identifier le destinataire de l'acte : s'il s'adresse à une ou plusieurs personnes nominativement désignées, alors il s'agit d'un acte individuel. À l'inverse, une norme générale et impersonnelle qui s'applique indistinctement aux administrés est de nature réglementaire.

La conséquence de cette classification est la date d'entrée en vigueur de l'acte :

- Un acte individuel entre en vigueur après sa notification à la (ou aux) personne(s) concernée(s).
- Un acte réglementaire doit faire l'objet d'une publicité par voie d'affichage précisant sa date d'entrée en vigueur.

Une catégorie d'AAU spécifiques, appelés « actes particuliers », brouille cette distinction, car les actes concernés ne sont ni individuels ni réglementaires. Il peut s'agir, par exemple, du décret de dissolution d'un parti politique ou d'une déclaration d'utilité publique pour un projet d'infrastructure.

La création de l'AAU

L'acte administratif unilatéral doit être formé par une personne compétente, ce qui implique trois critères :

- Un critère personnel. La personne doit avoir la qualité requise pour édicter l'acte (par exemple, le maire est personnellement compétent pour prendre un arrêté communal).
- Un critère matériel. La personne doit avoir sa compétence attribuée dans un champ d'intervention précis et prévue expressément par un texte.
- Un critère territorial. L'autorité peut être en concurrence avec des autorités de même nature dans l'espace concerné.

Les mécanismes de délégation de signature et de délégation de compétence peuvent constituer une exception à l'application de ces règles :

- La délégation de signature consiste pour une autorité à transférer le pouvoir de signature de l'acte.
- La délégation de compétence consiste pour l'autorité à se désister temporairement de sa compétence au profit d'une autre personne.

Par ailleurs, la forme d'un AAU est assez libre : certaines mentions sont obligatoires mais il n'y a pas de formalisme précis. La décision peut donc être aussi bien écrite que verbale, explicite ou implicite (c'est-à-dire résultant du silence de l'administration). Dans cette dernière hypothèse, le silence de l'administration vaut accord après l'expiration d'un délai de deux mois en principe. Mais une liste d'exceptions incroyable supplante le principe (quand la décision est financière, par exemple).

L'édiction de l'AAU n'est pas non plus soumise à un délai précis. Les textes prévoient parfois « un délai raisonnable », ce qui laisse une certaine marge d'appréciation. Le juge administratif peut cependant imposer un délai impératif qui lie l'administration.

Enfin, la motivation des actes n'est pas requise en principe (mais les exceptions sont nombreuses) et l'administration n'est pas obligée de fonder son action sur un texte. Néanmoins, l'administration doit respecter le principe du contradictoire pour élaborer ses décisions. Elle peut faire appel à des tiers (pour solliciter un avis, par exemple) dont la contribution peut être facultative, obligatoire ou conforme. Attention : si l'administration décide de saisir une autorité alors qu'elle n'y était pas obligée, l'irrespect de cet engagement constitue une irrégularité qui peut entraîner l'annulation de la procédure.

L'exécution de l'AAU

L'acte administratif unilatéral doit être entré en vigueur pour produire ses effets, et il ne produit pas d'effet rétroactif, ce qui est un gage de sécurité juridique pour les administrés (ainsi, des situations définitivement acquises ne peuvent être remises en cause par des actes postérieurs).

Concernant l'application de ses décisions, le professeur Jean-Marie Pontier remarque que l'administration n'a pas besoin de recourir à la contrainte pour assurer l'exécution de ses décisions au sein de la cité idéale, mais que dans la réalité, elle rencontre de grandes difficultés pour ce faire. Elle dispose de plusieurs mécanismes pour y remédier.

- L'administration dispose d'un pouvoir de sanction assez large. Les administrés qui ne respectent pas ses règles peuvent ainsi faire l'objet d'une sanction pénale (l'article R. 610-5 du Code pénal érige en infraction pénale le manquement aux décrets et arrêtés).
- Par ailleurs, les sanctions administratives ou financières peuvent apparaître suffisamment dissuasives pour que les administrés se plient à la règle.
- Concernant ses agents, l'administration peut leur infliger des sanctions disciplinaires susceptibles d'avoir une incidence sur leur carrière (par exemple, la révocation évince le fonctionnaire de la fonction publique).

Autre possibilité pour l'exécution d'un AAU : depuis un arrêté du Tribunal des conflits (Société Saint-Just) rendu en 1902, l'administration est en situation d'assurer elle-même l'exécution forcée des décisions qu'elle prend sans recourir à un juge. Pour cela, elle se délivre à elle-même un titre exécutoire en remplissant trois conditions :

- Il faut une urgence, ce qui est illustré par la formule du commissaire du gouvernement Romieu : « Quand la maison brûle, on ne va pas demander au juge l'autorisation d'appeler les pompiers. »
- Il faut qu'aucune sanction n'existe (on peut contraindre mais pas sanctionner).
- La mesure d'exécution forcée doit être prévue par la loi.

– Quiz –

1 – Comment identifier un AAU à caractère individuel ?

- □ A – Il est élaboré par une seule personne.
- □ B – Il est signé par une seule personne.
- □ C – Il s'adresse à une ou plusieurs personnes désignées nominativement.

2 – Quelle est la date d'entrée en vigueur d'un AAU réglementaire ?

- □ A – Il entre en vigueur après sa notification à la (ou aux) personne(s) concernée(s).
- □ B – Il fait l'objet d'une publicité par voie d'affichage précisant sa date d'entrée en vigueur.
- □ C – Il entre en vigueur lorsqu'il est signé par l'autorité compétente.

3 – De quel type de sanctions dispose l'administration ?

- □ A – Les sanctions financières.
- □ B – Les sanctions pénales.
- □ C – Les sanctions disciplinaires.

Réponses : 1, C ; 2, B ; 3, A, B et C.

✪ CONSEIL DE COACH ✪

ⓘ Révisez par sessions de 30 minutes

Votre capacité à retenir des informations diminue largement après 25-30 minutes. Il faut donc diviser vos périodes de révision en plusieurs sessions d'une demi-heure (et vous détendre avec des activités ludiques pendant vos pauses).

Ce phénomène s'explique par le fonctionnement du cerveau : c'est une machine formidable (difficile de dire le contraire), mais une machine qui fonctionne encore à l'électricité ! Un apprentissage correspond à une petite activité électrique qui stimule certaines zones du cerveau et permet de créer de nouvelles connexions. Or, une période de révision trop prolongée provoque de la fatigue (comme lorsque votre Smartphone commence à chauffer) et de nouvelles activités neuronales viennent perturber les précédentes (comme votre Smartphone qui ralentit ou s'éteint tout seul).

Chaque cerveau étant unique, il est impossible de prédire la durée optimale qui vous permet de travailler à fond sans craindre la surchauffe ; chacun a un seuil de concentration différent. C'est en faisant différents essais que vous trouverez ce qui fonctionne le mieux pour vous.

En tout cas, quand la fatigue se fait sentir (début de migraine ou yeux qui se ferment tout seuls), inutile d'insister coûte que coûte ; les effets peuvent être catastrophiques, et vous mettrez plus longtemps à récupérer que ce que vous imaginez.

FICHE N° 17

La disparition de l'acte administratif unilatéral

Un acte administratif unilatéral (AAU) peut disparaître selon quatre modalités :

- L'acte est affecté d'un terme (date) à l'échéance duquel il disparaît.
- L'annulation devant le juge (procédure contentieuse).
- L'abrogation (annulation pour l'avenir seulement).
- Le retrait (annulation avec effet rétroactif).

Dans le premier cas, la disparition de l'AAU est simple : puisque son échéance est prévue dès le début, il ne s'applique plus à partir de cette date.

Dans le deuxième cas aussi, la disparition est simple : l'AAU est considéré comme illégal pour une raison ou pour une autre (ce peut être le fond comme la forme), et le juge l'annule. Cette annulation est rétroactive, de sorte que tous les effets produits par l'acte sont également annulés (ce qui peut provoquer une indemnisation).

Dans les deux autres cas, la question est plus complexe, car se pose la question de privilégier soit la légalité soit la sécurité juridique. En effet, faire disparaître les effets d'un acte pour l'avenir est une chose, mais annuler tous ses effets, y compris passés, peut avoir de nombreuses conséquences.

L'abrogation des actes administratifs unilatéraux

L'abrogation consiste en une sortie de vigueur de l'acte, ce qui met fin à son existence pour l'avenir mais ne remet pas en cause les effets produits antérieurement. Il s'agit donc simplement de la fin de l'application de l'acte, qui peut prendre deux formes :

- Une forme expresse, qui se manifeste par un acte contraire (un nouvel acte abrogeant le premier).
- Une forme tacite, qui est généralement prévue par les textes (par exemple, un permis de construire devient caduc si la construction n'a pas débuté dans un délai de deux ans).

Concernant le pouvoir d'abrogation : même si l'administration possède un large pouvoir d'appréciation, elle n'est pas libre d'abroger ses actes comme bon lui semble.

- Actes non créateurs de droits : l'administration est libre de les abroger à tout moment (sans aucune condition de légalité et pour une simple question d'opportunité).
- Actes créateurs de droits : leur abrogation doit être justifiée par leur illégalité (qui peut être d'origine ou apparaître avec une évolution juridique).

Autre possibilité : l'administration peut être obligée d'abroger un acte. Ainsi, un acte réglementaire peut devenir illégal en raison d'un acte de droit de l'Union européenne, auquel cas l'administration est obligée d'abroger son AAU (Conseil d'État, Ass., Compagnie Alitalia, 3 février 1989).

De même, lorsqu'un changement de contexte vient affecter un acte administratif réglementaire (dans les faits ou dans le droit), l'administration est tenue de l'abroger (Conseil d'État, Sect., Despujol, 10 janvier 1930).

Le retrait des actes administratifs unilatéraux

Procédure différente et plus impactante que l'abrogation, le retrait d'un AAU consiste à mettre fin aux effets de cet acte de façon rétroactive ; l'acte est donc réputé n'avoir jamais existé. Comme pour l'abrogation, le régime du retrait varie selon les actes :

- Actes non créateurs de droits : l'administration est libre de les retirer à tout moment (sans aucune condition de légalité et pour une simple question d'opportunité).
- Actes créateurs de droits : l'administration ne peut les retirer que s'ils sont illégaux... et la jurisprudence concernant les délais a évolué avec l'arrêt Ternon rendu par le Conseil d'État le 26 octobre 2001.

En effet, depuis l'arrêt Dame Cachet rendu par le Conseil d'État le 3 novembre 1922, le retrait ne pouvait intervenir qu'à deux conditions cumulatives : que l'acte soit illégal et que le retrait intervienne durant le délai de recours contentieux. Mais l'arrêt Ternon est venu rompre la jurisprudence : si l'acte doit bien être illégal pour être annulé, on procède maintenant au découplage du retrait et du délai de recours contentieux.

Arrêt Ternon (Conseil d'État, 26 octobre 2001)

« L'administration ne peut retirer une décision individuelle explicite créatrice de droits, si elle est illégale, que dans le délai de quatre mois suivant la prise de décision. »

Ainsi, cet arrêt modifie largement les conditions du retrait d'un AAU :

- Le délai de retrait se différencie désormais de celui du recours.

- La durée du délai est désormais de quatre mois (au lieu de deux antérieurement).
- Le point de départ du délai est désormais la date d'adoption de la décision (et non la formalité de publicité dont elle doit faire l'objet).

L'administration ne dispose donc que de quatre mois pour retirer un acte irrégulier, à l'expiration desquels il devient définitif. Néanmoins, deux modérations existent à ce principe :

- Les tiers disposent toujours de deux mois à compter de la publicité pour faire une demande d'annulation (y compris après les quatre mois, si la mesure de publicité n'est toujours pas intervenue).
- L'arrêt Ternon réserve l'hypothèse de dispositions législatives ou réglementaires contraires (par exemple, la loi du 13 juillet 2006 prévoit que les autorisations d'urbanisme échappent à la jurisprudence Ternon).

– Quiz –

1 – Comment un acte administratif unilatéral peut-il disparaître ?

□ A – Par annulation par un juge.
□ B – Par retrait ou abrogation de l'administration.
□ C – L'acte est affecté d'un terme à l'échéance duquel il disparaît.

2 – Quelle est la différence entre l'abrogation et le retrait ?

□ A – L'abrogation est rétroactive, le retrait est une annulation.
□ B – L'abrogation est une annulation, le retrait est rétroactif.
□ C – L'abrogation vaut pour l'avenir, le retrait est rétroactif.

3 – Que prévoit l'arrêt Ternon ?

□ A – L'allongement du délai de recours contentieux.
□ B – Le couplage du retrait et du délai de recours contentieux.
□ C – Le découplage du retrait et du délai de recours contentieux.

Réponses : 1, A, B et C ; 2, C ; 3, C.

✪ CONSEIL DE COACH ✪

ⓘ L'apprentissage de la jurisprudence, un travail fastidieux ?

Qui n'a pas déjà entendu qu'en L2, l'apprentissage du droit administratif impliquait la connaissance parfaite d'un millier de décisions de justice rendues par le Conseil d'État ?

En réalité, l'apprentissage de la jurisprudence si elle est nécessaire doit être aussi mesurée. Il n'est pas utile de connaître toutes les décisions de son cours ou de son manuel, il faut simplement retenir l'essentiel, c'est-à-dire les décisions de principes et celles qui mettent un coup de pied dans la fourmilière. Pour les identifier on s'attachera à vérifier la nature de la juridiction ayant rendu l'arrêt, sa formation et enfin ses mentions de publications (Recueil Lebon etc.). Vous avez le loisir de faire ces fiches de jurisprudence avec beaucoup de couleur si vous avez une mémoire visuelle mais aussi, classez les par thématique (la police, le service public, la faute...).

Cet apprentissage peut être ludique voir agréable. Ainsi on peut envisager d'inscrire les références de jurisprudence sur des bouts de papiers tirés au sort lors d'un jeu en soirée, et gare à celui ou celle qui se trompe !

FICHE N° 18

L'identification du contrat administratif

L'administration procède à son action par deux moyens principaux :

- Elle exécute des actes matériels, c'est-à-dire qu'elle peut concrètement exercer l'action administrative par diverses activités (par exemple, le maire d'une commune peut ordonner aux policiers municipaux de dresser des barrières afin d'effectuer des contrôles de police administrative).
- Elle peut être à l'origine d'actes juridiques, c'est-à-dire de manifestations de volonté destinées à créer des effets de droit, parmi lesquels on retrouve l'acte administratif unilatéral (AAU) ou le contrat.

C'est précisément le contrat qui nous intéresse, et plus particulièrement les critères qui permettent de l'identifier.

La notion de contrat administratif

Le contrat administratif est celui qui est passé par une personne publique, ou une personne privée agissant pour le compte de cette dernière, qui est conclu pour l'exécution même du service public ou contient des clauses exorbitantes du droit commun, ou soumet ce dernier à un régime exorbitant du droit commun.

Il est intéressant de préciser que la contractualisation de l'action publique n'est pas nouvelle : les fermiers généraux (personnes privées) récoltaient déjà l'impôt pour l'autorité royale sous l'Ancien Régime ! Mais ce mode d'action connaît un accroissement notable depuis le début du siècle. Cela peut s'expliquer par deux raisons :

- Le besoin des personnes publiques de s'entourer d'acteurs pouvant lui bénéficier (le secteur privé mais aussi d'autres personnes publiques).
- La recherche de légitimité de l'autorité administrative (en élaborant des contrats, on recherche l'assentiment des administrés).

Le contrat administratif par effet de la loi

Ce contrat administratif est défini comme tel en vertu de la loi : c'est directement le législateur qui est fondé à désigner un contrat comme administratif. Sont administratifs par l'effet de la loi :

- Les marchés publics soumis aux ordonnances de 2015 et de 2016.
- Les contrats portant occupation du domaine public (décret-loi du 17 juin 1938).
- Les marchés publics de travaux publics.

Le contrat administratif par effet du juge

À défaut d'être qualifié comme tel par le législateur, il appartient au juge administratif de rechercher deux critères permettant de qualifier un contrat comme administratif : d'abord un critère organique, ensuite un critère matériel.

Le critère organique exige simplement la présence d'une personne publique au contrat : selon la jurisprudence, la présence d'une seule personne publique suffit pour qualifier le contrat administratif. Néanmoins, on peut apporter la preuve du contraire en démontrant que le contrat ne fait naître que des rapports de droit privé entre des personnes publiques (un contrat de location de locaux, par exemple).

Ce critère est rempli lorsque le contrat est passé par une personne privée agissant en vertu d'un mandat civil pour une personne publique, ou quand une personne privée agit en vertu d'un mandat implicite pour le compte et au nom de la personne publique (sans qu'un mandat civil soit valablement constitué). Cette hypothèse se rencontre par exemple lorsqu'une association est contrôlée, financée et créée par la personne publique (Conseil d'État, Commune de Boulogne-Billancourt, 2006).

Outre le critère organique, un contrat administratif doit satisfaire un critère matériel qui tient à l'objet du contrat, et qui peut prendre trois formes :

- Première possibilité : il y a contrat administratif lorsque le contrat vise à l'exécution d'une mission de service public qui incombe à la personne publique. Le cas échéant, il faut une réalisation effective et non une simple collaboration à l'exécution de la mission de service public. Ce contrat peut également être une des modalités par lesquelles la personne chargée de la mission de service public le réalise (Conseil d'État, Époux Bertin, 1956).
- Deuxième possibilité : il y a contrat administratif lorsque ce dernier contient des clauses exorbitantes du droit commun, c'est-à-dire une clause qu'il est inusuel de rencontrer dans un contrat de droit privé et qui avantage la personne publique, par exemple en lui donnant un pouvoir de modification du contrat, de sanction du cocontractant et de résiliation du contrat.

- Troisième possibilité : il y a contrat administratif lorsque ce dernier est soumis à un régime exorbitant du droit commun. Nuance par rapport à la situation précédente : on ne retient pas l'existence d'une ou plusieurs clauses mais d'un régime auquel est soumis le contrat, par exemple, s'il est régi par un texte réglementaire ou législatif. Cette solution découle d'un arrêt dans lequel le juge administratif a qualifié d'administratif un contrat de fourniture entre EDF et une personne publique (Conseil d'État, Société d'exploitation de la rivière du Sant, 19 janvier 1973). Le contrat était régi par un acte réglementaire qui fixait un tarif pour le prix de vente de l'électricité et obligeait à la revente.

– Quiz –

1 – Un contrat est administratif :

- ☐ A – En vertu de la loi.
- ☐ B – S'il comporte au moins une personne publique en tant que partie.
- ☐ C – Si le juge l'identifie comme tel en l'absence de classification textuelle.

2 – Un contrat administratif :

- ☐ A – Peut toujours comporter deux personnes de droit privé.
- ☐ B – Peut éventuellement comporter deux personnes de droit privé.
- ☐ C – Ne peut jamais comporter deux personnes de droit privé.

3 – Une clause peut :

- ☐ A – Octroyer le caractère administratif du contrat.
- ☐ B – Retirer le caractère administratif du contrat.
- ☐ C – Une seule clause ne peut pas modifier le caractère administratif du contrat, il faut plusieurs clauses, c'est-à-dire un régime exorbitant du droit privé.

Réponses : 1, A, B et C ; 2, B ; 3, A.

✪ CONSEIL DE COACH ✪

ⓘ Faut-il ranger votre ordinateur pendant les cours ?

Des recherches publiées en 2017 par Susan Ravizza et ses collègues de l'université d'État du Michigan démontrent que les ordinateurs portables n'améliorent pas l'apprentissage ni la prise de notes, et qu'il serait peut-être préférable de les laisser à la maison pendant les cours.

En effet, bien que l'utilisation d'un ordinateur puisse être rassurante et plus pratique (surtout quand on a un cours à rattraper pour cause grasse matinée !), le fait est que la tentation est forte de faire autre chose pendant le cours que prendre des notes... Ainsi, l'usage des réseaux sociaux, des vidéos YouTube et des messageries instantanées prend souvent le pas sur la prise de notes.

Cette distraction auto-infligée n'est pas sans conséquences : l'étude de Susan Ravizza démontre que les étudiants gaspillent 40 % du temps de classe. Et plus ils sont en ligne, plus leurs notes ont tendance à en souffrir.

FICHE N° 19

L'exécution du contrat administratif

Comme son nom l'indique, le contrat administratif est... un contrat. Il s'agit donc d'un acte juridique qui crée des obligations et des droits à l'égard des parties. Ce contrat revêt néanmoins un caractère particulier parce qu'il est conclu avec l'administration, laquelle a la charge de satisfaire l'intérêt général.

L'administration dispose pour cela de facultés exorbitantes au droit commun, et le contrat administratif est marqué par un déséquilibre significatif entre les parties, ce qui crée une tension entre les nécessités de l'action publique et les droits légitimes du cocontractant. En la matière, il est donc pertinent de distinguer les droits et obligations de l'administration d'une part, et les droits et obligations du cocontractant d'autre part.

Les droits et obligations de l'administration

L'administration dispose d'un triple pouvoir à l'encontre de son cocontractant :

- Un pouvoir de direction, qui lui permet de diriger les opérations contractuelles, de donner des ordres au cocontractant et de pouvoir le guider dans l'accomplissement de sa mission.

- Un pouvoir de surveillance, qui lui permet de s'assurer que le cocontractant exécute correctement et régulièrement sa prestation.
- Un pouvoir de coercition, qui lui permet de sanctionner son cocontractant sur le plan administratif ou financier en cas de manquement (par exemple, un retard dans l'exécution de travaux publics).

On peut aussi ajouter que l'administration a le droit d'user du fait du prince, c'est-à-dire de modifier unilatéralement le contrat si les exigences de l'action administrative le commandent (néanmoins, cette exception ne peut pas s'appliquer aux clauses financières du contrat : le prix reste le prix).

Les droits et obligations du cocontractant

Face à l'administration, le cocontractant a également des droits :

- Le cocontractant a droit au paiement de sa prestation contractuelle (il est légitime qu'il soit rémunéré conformément au contrat).
- Le cocontractant a droit à une indemnisation de l'administration si elle modifie le contrat unilatéralement.

Particularité du contrat administratif : le cocontractant ne peut pas suspendre l'exécution de ses obligations au motif que l'administration ne respecte pas les siennes. En la matière, le juge administratif refuse clairement de reconnaître un droit à l'exception d'inexécution au profit du cocontractant.

Néanmoins, le particulier peut obtenir du juge qu'il modifie ou résilie le contrat en présence d'un déséquilibre contractuel. La théorie de l'imprévision autorise le juge administratif à intervenir dans le contrat si, en raison d'un bouleversement des circonstances économiques, son exécution est rendue difficile (car il y a alors un bouleversement de l'équilibre du contrat).

Dans une telle situation, il faut que les circonstances soient temporaires et ne résultent pas de l'action administrative. Dans le cas où l'exécution est devenue impossible, la résolution pour force majeure s'impose.

– Quiz –

1 – L'administration peut :

□ A – Contrôler, sanctionner, contraindre son cocontractant.
□ B – Contrôler, sanctionner, surveiller son cocontractant.
□ C – Contrôler, observer, surveiller son cocontractant.

2 – L'imprévision n'est pas possible :

□ A – Si elle persiste et prend un caractère permanent.
□ B – Si elle est un fait extérieur à l'administration.
□ C – Si elle est invoquée par le cocontractant.

3 – Le contrat administratif :

□ A – Est un contrat.
□ B – Est un acte juridique.
□ C – Est marqué par un déséquilibre.

Réponses : 1, B ; 2, A ; 3, A, B et C.

✪ CONSEIL DE COACH ✪

ⓘ L'importance du sommeil

Le sommeil se décompose en phases, et chacune a une utilité bien spécifique. Certaines phases permettent de régénérer le corps après un effort physique alors que d'autres sont plus utiles au processus de mémorisation (pendant ces dernières, le corps est au repos, mais le cerveau tourne à plein régime).

Pendant que l'on dort, en effet, le cerveau récupère les données apprises et les passe en revue, ce qui facilite leur inscription dans la mémoire à long terme. La nuit, le cerveau consolide ainsi ce qui a été appris, d'où l'intérêt de relire un cours peu avant l'heure du coucher.

Les recherches vont toutes dans le même sens : pour mémoriser, il faut dormir. Les informations nouvellement acquises restent fragiles jusqu'à ce qu'il y ait une période de sommeil.

Il a été démontré que suite à un apprentissage complexe, les restitutions sont meilleures après une nuit de sommeil que juste après l'apprentissage, sauf si l'on prive le sujet de sommeil paradoxal.

Les performances augmentent encore après trois nuits de sommeil. Il est donc important d'anticiper ses révisions. La première nuit est toutefois la plus décisive pour fixer durablement les informations dans la mémoire.

FICHE N° 20

La disparition du contrat administratif

Le contrat administratif possède une naissance (sa formation), une vie (son exécution), et une mort (sa rupture). Il peut être rompu pour plusieurs raisons :

- Les besoins des administrés ont changé.
- Les raisons qui justifiaient l'existence du contrat ne sont plus réunies.
- Des contraintes extérieures empêchent la réalisation du contrat.
- L'administration sanctionne son cocontractant (car il n'exécute pas correctement ses obligations).

Outre ces hypothèses fréquentes, il arrive parfois que le contrat soit simplement annulé par un juge, ce qui équivaut à l'inexistence du contrat et non à sa rupture. Or, tandis que la rupture n'est valable que pour l'avenir (ce qui est fait reste fait), l'annulation est rétroactive (on remet les choses en leur état d'avant la signature du contrat).

Les modalités de rupture du contrat administratif

Premier motif possible de résiliation de contrat : l'intérêt général. L'administration justifie la résiliation du contrat par le but de son action (c'est-à-dire la satisfaction de l'intérêt général). C'est un pouvoir discrétionnaire de l'administration, qui doit alors indemniser intégralement le préjudice subi par le cocontractant du fait de la disparition du contrat. Exemple controversé : suite à l'abandon du projet de construction d'un aéroport à Notre-Dame-des-Landes, le constructeur Vinci peut prétendre à 350 millions d'euros d'indemnisation.

Deuxième motif possible de résiliation d'un contrat administratif : une sanction prise par l'administration lorsqu'elle constate que son cocontractant méconnaît ses obligations et commet une faute d'une gravité particulière. Cette possibilité relève du seul choix de l'administration, mais le cocontractant peut contester l'annulation devant le juge, lequel contrôle alors la régularité de la décision (et peut sanctionner l'administration si elle est injustifiée).

Enfin, le contrat peut être rompu en cas de force majeure, c'est-à-dire lorsqu'un événement imprévisible, irrésistible et extérieur aux parties, survient (par exemple, une guerre ou une catastrophe naturelle) et empêche la résolution du contrat.

La nullité du contrat administratif

Outre les possibilités de rupture du contrat administratif, il existe des situations où la nullité du contrat est constatée par le juge, auquel cas ce dernier procède à l'anéantissement du contrat pour l'avenir et pour le passé.

Cette procédure date d'une jurisprudence du Conseil d'État (à l'initiative de la commune de Béziers), qui précise que le juge administratif peut être saisi par la personne publique afin de constater la nullité d'un contrat. Dans cette hypothèse, le juge regarde si les irrégularités invoquées sont de nature à affecter la légalité du contrat, puis constate (ou non) la nullité de celui-ci.

Attention : la demande en annulation d'un contrat ne porte que sur l'irrégularité des conditions de formation du contrat, pas sur son contenu ou sa réalisation.

Même si le juge décide que l'irrégularité peut être soulevée, l'annulation n'est pas automatique. Le juge dispose de plusieurs options liées à la nature de l'illégalité, sa gravité, et l'objectif de stabilité des relations contractuelles.

- Le juge peut ordonner la poursuite de la relation contractuelle, notamment en ordonnant la régularisation des irrégularités.
- Il peut résilier le contrat, c'est-à-dire prononcer sa rupture (les choses restent en l'état mais le contrat n'est plus valable pour l'avenir).
- Il peut décider de l'annulation pure et simple du contrat (auquel cas le contrat est réputé n'avoir jamais existé).

Dans cette dernière hypothèse, l'annulation du contrat équivaut à l'inexistence du contrat, ce qui signifie que les parties sont remises au *statu quo ante* (état d'avant la formation du contrat). Ce n'est pas simple, car cela implique un jeu d'indemnisations particulièrement complexe, d'où l'extrême réticence du juge à admettre l'annulation.

– Quiz –

1 – Quels sont les critères de la force majeure ?

□ A – Événement imprévisible, insubmersible et extérieur aux parties.
□ B – Événement imprévisible, irrésistible et antérieur aux parties.
□ C – Événement imprévisible, irrésistible et extérieur aux parties.

2 – Quelle est la différence entre la rupture et l'annulation d'un contrat administratif ?

□ A – La rupture est valable pour l'avenir, l'annulation est rétroactive.
□ B – L'annulation est valable pour l'avenir, la rupture est rétroactive.
□ C – L'annulation est contentieuse, la rupture est amiable.

3 – Sur quoi porte la demande en annulation d'un contrat ?

□ A – Le contenu des clauses du contrat.
□ B – L'irrégularité des conditions de formation du contrat.
□ C – La réalisation de l'objet du contrat.

Réponses : 1, C ; 2, A ; 3, B.

✪ CONSEIL DE COACH ✪

ⓘ Une technique pour lire plus vite (et plus efficacement)

La lecture est une activité incontournable des études de droit : lecture de ses cours, des manuels, des fiches de TD, des arrêts à étudier... Dès lors, lire plus vite et plus efficacement devient un sacré avantage !

Sans entrer dans les techniques complexes de lecture rapide, sachez qu'il suffit de lire en s'aidant d'un pointeur (un stylo ou son doigt) pour gagner en efficacité. En effet, à force de lire beaucoup, on a du mal à se concentrer sur sa lecture et à retenir les informations consultées ; or, utiliser un pointeur aide à se concentrer en regardant un point qui défile plutôt que dans le vide.

En facilitant la concentration, on favorise la compréhension... et donc la mémorisation.

FICHE N° 21

La juridiction administrative

Les conflits relatifs à l'administration française sont jugés dans un tribunal spécifique, le tribunal administratif, distinct de l'ordre judiciaire (qui comprend des juridictions judiciaires comme le tribunal d'instance ou la cour d'assises). Parmi les tribunaux administratifs, on distingue les juridictions de droit commun des juridictions spécialisées.

Les juridictions de droit commun

Les tribunaux administratifs ont été créés en 1953. Ils prennent en charge la majorité du contentieux administratif. Ils sont présidés par un président de tribunal et leurs juges sont appelés « conseillers de tribunaux administratifs ».

Les cours administratives d'appel sont des juridictions de second degré, chargées de rejuger les décisions rendues par les tribunaux administratifs en cas d'appel. Elles sont au nombre de huit et ont été créées en 1987 pour désengorger les tribunaux administratifs. Elles sont présidées par un conseiller d'État et leurs juges sont appelés « conseillers de cours administratives d'appel ».

Au sommet de l'ordre administratif se trouve le Conseil d'État, juge à la fois de première instance, d'appel et de cassation. Il est composé de plusieurs chambres spécialisées (par exemple, la septième est compétente en matière de commande publique), et compte environ 230 membres actifs, des fonctionnaires appelés «conseillers d'État» (un titre qu'il ne faut pas confondre avec le grade de ces derniers, qui peut être auditeur, maître des requêtes ou conseiller d'État).

Le Conseil d'État joue également un rôle de conseiller du gouvernement et des pouvoirs publics concernant l'élaboration législative et réglementaire.

Les juridictions spécialisées

Les juridictions spécialisées sont des juridictions qui se voient attribuer une compétence particulière dans des domaines spécifiques. On peut citer:

- La Cour nationale du droit d'asile, qui est compétente pour les recours formés à l'encontre des décisions de l'Office français de protection des réfugiés et apatrides.
- La Commission centrale d'aide sociale.
- Les sections disciplinaires des conseils des universités.
- Les conseils nationaux de l'Ordre des médecins et de l'Ordre des avocats.

Ces juridictions rendent des décisions qui peuvent faire l'objet d'un pourvoi en cassation devant le Conseil d'État.

Le personnel des juridictions administratives

Le personnel des juridictions administratives est composé d'agents de greffe et de magistrats de l'ordre administratif, des fonctionnaires au statut particulier, généralement recrutés par voie de concours.

Afin d'assurer l'égalité des droits de chacun, il y a évidemment des avocats spécialisés en droit administratif, dont la présence est parfois obligatoire lors des procès.

– Quiz –

1 – Quelle est la date de création des tribunaux administratifs ?

□ A – 1943.
□ B – 1953.
□ C – 1963.

2 – Combien existe-t-il de cours administratives d'appel ?

□ A – 8.
□ B – 18.
□ C – 28.

3 – Quel est le degré de juridiction du Conseil d'État ?

□ A – Première instance.
□ B – Appel.
□ C – Cassation.

Réponses : 1, B ; 2, A ; 3, A, B et C.

✪ CONSEIL DE COACH ✪

ⓘ Un apprentissage innovant : les MOOC

Les cours à la fac, c'est sympa mais ça a aussi des limites ! Manque de temps, manque d'envie... Autant de raisons qui peuvent nous faire quitter les sentiers de l'université, surtout en période d'examens ou nous sommes bien mieux sous un plaid avec un chocolat chaud, n'est-ce pas ?

Si vous aimez parfois rester sous la couette, les MOOC pourraient être une solution de repli à adopter. Concrètement, il s'agit de cours en ligne sous forme de vidéos, qui permettent la délivrance d'une attestation (gratuite car l'identité du participant n'est pas vérifiée) ou d'une certification (payante car elle est nominativement désignée et que l'identité du participant est vérifiée) qui permet de faire foi des compétences acquises.

De plus, les vidéos sont souvent accompagnées de QCM et différents compléments pédagogiques, ce qui permet de réviser de façon plus ludique qu'en relisant ses manuels !

FICHE N° 22

Le contrôle opéré par le juge

Lorsqu'il est saisi d'une action contentieuse, le juge administratif est appelé à rendre un jugement. Il dispose pour cela de prérogatives variables en fonction de la nature du recours qui est soulevé devant lui.

- Devant un recours pour excès de pouvoir, il juge la légalité d'un acte administratif et doit se borner à contrôler la conformité de l'acte avec la norme invoquée.
- Devant un recours de plein contentieux, il juge la légalité d'un acte mais aussi ses conséquences (notamment indemnitaires) et dispose donc d'un champ d'action plus large.
- Devant un recours en référé, il juge l'urgence et son contrôle est alors assez limité ; il ne peut pas juger l'affaire et doit la renvoyer devant une formation de jugement au fond.

Ces trois formes de contrôle sont les plus répandues, mais il en existe d'autres en fonction selon la doctrine.

L'objet du contrôle du juge administratif

Le juge administratif opère un contrôle de la légalité d'un acte administratif au moyen d'une théorie qui distingue sa légalité interne et sa légalité externe.

La légalité interne de l'acte renvoie à la légalité du contenu édicté par l'acte. Le juge apprécie donc de manière approfondie la conformité du contenu de l'acte au droit et contrôle plusieurs éléments :

- Le détournement de pouvoir, qui consiste à utiliser des prérogatives ou une procédure à une fin étrangère à la raison de ses attributions.
- La violation directe de la loi, qui consiste à méconnaître le droit applicable.
- L'application inadéquate de la loi, qui consiste à commettre une erreur (de droit ou de fait) concernant l'exactitude matérielle des faits ou leur qualification juridique.

En parallèle, la légalité externe conduit le juge à vérifier que l'acte a été édicté selon les solennités requises, et qu'il est conforme aux règles et procédures qui l'encadrent. Le juge contrôle alors :

- L'incompétence de l'auteur de l'acte, qui est avérée lorsque l'auteur d'un acte a agi alors qu'il ne disposait pas d'une habilitation régulière (par exemple, en cas d'absence de délégation de pouvoir ou d'incompétence matérielle ou territoriale).
- Le vice de forme, qui ne sera retenu que si la décision a été prise sans respecter certaines formalités (omission d'une inscription sur le jugement, par exemple) et à condition que le vice ait pu avoir des conséquences sur le sens de la décision.

L'intensité du contrôle du juge administratif

Une fois que l'objet du contrôle du juge est déterminé, il peut avoir une étendue plus ou moins grande et une intensité plus ou moins forte :

- Au stade le moins approfondi, le juge administratif exerce un contrôle restreint (ou contrôle minimal), qui le conduit à censurer un acte uniquement en raison de la constatation d'une « erreur manifeste d'appréciation » (qui est généralement une erreur évidente).
- Le juge exerce un contrôle normal lorsque l'acte est conforme à son objet ; le juge censure alors toute illégalité au regard des moyens invocables.
- On parle de « contrôle maximum » lorsque le juge exerce un contrôle précis sur l'opportunité de l'acte ; il peut alors sanctionner l'administration s'il considère qu'elle aurait dû agir différemment.

– Quiz –

1 – Qu'est-ce qui invalide la légalité interne d'un acte ?

- □ A – L'application inadéquate de la loi.
- □ B – Le détournement de pouvoir.
- □ C – La violation directe de la loi.

2 – Quels sont les éléments de la légalité externe d'un acte ?

- □ A – La conformité aux règles.
- □ B – La conformité aux procédures.
- □ C – Les solennités requises.

3 – Qu'est-ce qui peut conduire à l'annulation d'un acte ?

- □ A – Une erreur d'appréciation.
- □ B – Un vice de forme.
- □ C – L'incompétence de l'auteur.

Réponses : 1, A, B et C ; 2, A, B et C ; 3, A, B et C.

✪ CONSEIL DE COACH ✪

ⓘ Une meilleure concentration pour mieux réussir

Être attentif à ce que l'on étudie est essentiel pour la mémorisation ; or, le cerveau ne peut pas ingurgiter des informations à la pelle sur un temps très long. Aussi est-il nécessaire de faire des pauses régulières pour ne pas le saturer.

On appelle « processus de consolidation mnésique » le temps qu'il faut pour consolider l'information en mémoire. L'activité électrique du cerveau ne doit pas être perturbée pendant ce temps. Il est donc important, après un apprentissage, de marquer un temps de pause, sans rien apprendre de nouveau, pour éviter les interférences qui pourraient nuire à l'ancrage de l'information en mémoire.

Après le temps de révision, le cerveau continue de travailler pour consolider la trace mnésique (réseau de neurones) où se situent les informations nouvellement apprises. Il semblerait que les apprentissages modifient les structures cérébrales par la création de connexions qui se renforcent par l'expérience (d'où l'intérêt de la multiplication des relectures de cours, des exercices d'autoévaluation, etc.).

Pour bien apprendre et mieux réviser, il est donc plus efficace de multiplier les temps de travail. Accordez-vous de vraies pauses, ne vous acharnez pas, vous ne feriez que perturber le travail minutieux que votre cerveau s'applique à faire pour vous sans même que vous vous en rendiez compte.

Dans la mesure du possible, se créer un espace de travail à soi, sans distraction, sans téléphone à portée de main, avec tout le matériel nécessaire, favorise aussi la concentration. De la même façon, il est préférable d'éviter les bruits parasites, comme la musique ou la sonnerie du portable.

FICHE N° 23

La responsabilité pour faute

Le principal fondement de la responsabilité administrative est la faute. C'est une innovation : pendant longtemps, l'État était considéré comme irresponsable, ce qui signifie qu'on ne pouvait pas invoquer une faute pour l'attaquer en justice (d'ailleurs, cette irresponsabilité subsiste en matière pénale).

La définition d'une faute est assez extensive : il s'agit d'un manquement à une règle de conduite, à une norme ou à un devoir au mépris des droits d'autrui. Peu importe que ce manquement soit intentionnel ou non. Par ailleurs, il existe deux types de faute :

- La faute de service, qui engage la responsabilité de l'administration.
- La faute personnelle, qui engage la responsabilité de l'agent auteur de la faute.

Par exemple, si une décision administrative ne respecte pas le droit, il s'agira d'une faute de service. En revanche, si un agent public détourne le véhicule de l'administration pour accomplir un trajet personnel et cause un accident, il s'agira d'une faute personnelle.

Les trois éléments de la réparation du préjudice subi

En matière administrative comme en matière civile, il faut réunir trois éléments pour demander réparation du préjudice subi :

- Établir l'existence d'une faute.
- Prouver le préjudice.
- Démontrer le lien de causalité entre la faute et le préjudice.

La présomption de faute

Dans certaines hypothèses, l'administration est présumée avoir commis une faute jusqu'à preuve du contraire, tout simplement car la preuve peut s'avérer difficile à apporter pour la victime. Il appartient alors à l'administration de prouver qu'elle n'a pas commis de faute.

Ainsi, l'administration est présumée avoir commis un défaut d'entretien de son ouvrage public si celui-ci cause un préjudice à un usager, mais elle peut renverser cette présomption en apportant la preuve qu'elle a bien entretenu ledit ouvrage public.

La faute lourde

Si une faute simple suffit à engager la responsabilité de l'administration, le juge peut qualifier une faute lourde dans certains cas : une difficulté technique de l'activité, la nature régalienne du service, voire le souci moral d'effacer les effets d'un comportement scandaleux de la part de l'administration.

Si la jurisprudence tend à limiter la reconnaissance de la faute lourde, la défectuosité du fonctionnement de la justice judiciaire ou administrative reste un exemple classique en la matière.

– Quiz –

1 – Quels sont les éléments permettant d'obtenir réparation du préjudice subi ?

□ A – Établir l'existence d'une faute.
□ B – Prouver le préjudice.
□ C – Démontrer la causalité entre la faute et le préjudice.

2 – Quel(s) type(s) de faute peut-on reprocher à l'administration ?

□ A – La faute procédurale.
□ B – La faute personnelle.
□ C – La faute de service.

3 – Qu'est-ce que la présomption de faute ?

□ A – L'administré est présumé avoir commis une faute jusqu'à preuve du contraire.
□ B – L'administration est présumée avoir commis une faute jusqu'à preuve du contraire.
□ C – Tout individu est présumé innocent tant qu'il n'est pas jugé coupable.

Réponses : 1, A, B et C ; 2, B et C ; 3, B.

✪ CONSEIL DE COACH ✪

ⓘ Apprentissage par répétition ou apprentissage structuré ?

Pour bien retenir, il existe deux grandes méthodes : l'apprentissage par répétition et l'apprentissage structuré. Faire le choix d'utiliser l'une ou l'autre de ces méthodes dépend de ce que l'on souhaite mémoriser.

Si l'on souhaite retenir des mots (du vocabulaire juridique, par exemple), le plus efficace reste de se les répéter, mais pas n'importe comment. Le nombre de répétitions doit être inférieur de moitié au nombre de mots à apprendre. S'il y en a 40 à retenir, il faut donc les répéter 20 fois.

En revanche, s'il s'agit d'informations plus complexes, comme des concepts, la répétition ne suffit plus. Il faut organiser sa pensée à l'aide de schémas, de plans, voire faire appel à tout ce que l'on voit et entend (journaux télévisés, reportages, livres lus...). Cette mémoire-là, que l'on qualifie de « sémantique », a besoin de se nourrir, de créer des liens logiques et de se structurer.

FICHE N° 24

La responsabilité sans faute fondée sur le risque

L'idée générale de la responsabilité sans faute fondée sur le risque est la suivante : l'administration engage sa responsabilité dès lors qu'elle crée un risque en raison de son activité. Ainsi, sous prétexte qu'elle sert l'intérêt général, elle ne peut pas s'exonérer de tout dommage qu'elle pourrait créer en faisant peser un risque déraisonnable sur ses administrés. Dans cette situation, la responsabilité de l'administration ne se fonde donc pas sur une faute, mais uniquement sur le risque créé.

La responsabilité à l'égard des agents et collaborateurs de l'administration

L'administration engage sa responsabilité pour le risque qu'elle fait courir à ses propres agents, ce qui explique pourquoi le législateur a pris en compte cette situation en fixant un régime d'indemnisation pour les fonctionnaires (prime de risque, par exemple). La jurisprudence a également suivi ce principe puisque depuis 1968 (Conseil d'État, Ass., Dame Saulze, 6 novembre 1968), une maladie contractée par l'un de ses agents du fait du service public engage la responsabilité de l'administration.

Par ailleurs, depuis un arrêt Commune de Saint-Priest-la-Plaine rendu en 1946 par le Conseil d'État, le collaborateur

« occasionnel » du service public peut engager la responsabilité sans faute de l'administration. Cette théorie de la collaboration occasionnelle du service public se rencontre lorsqu'un administré décide de collaborer avec l'administration sciemment, afin de l'aider. Par exemple, un citoyen prête concours à une opération de police judiciaire pour interpeller et remettre à l'officier de police judiciaire l'auteur d'un délit en situation de flagrance.

La responsabilité du fait de la nature délicate de l'action administrative

La nature délicate de l'action administrative n'est pas précisément définie, mais derrière cette notion, la plupart des auteurs classent les méthodes, les choses et les activités dangereuses, c'est-à-dire qui créent véritablement un risque pour les administrés en raison de leur seuil de gravité. Ainsi, l'usage des armes à feu ou des grenades incapacitantes par les fonctionnaires de police constitue une méthode dangereuse, mais pas l'usage des matraques. De même, certains procédés en matière de police des aliénés ou des détenus peuvent entraîner des dommages, comme une évasion ou un dommage causé pendant une permission de sortie (Conseil d'État, Sect., Département de la Moselle, 13 juillet 1967).

De la même manière, les victimes de situations dangereuses créées ou maintenues par les personnes publiques sont indemnisées sur le fondement du risque. C'est le cas, par exemple, de dommages rencontrés à la suite d'une campagne de vaccinations obligatoires.

– Quiz –

1 – Quelle est l'idée générale de la responsabilité sans faute fondée sur le risque ?

□ A – L'administration engage sa responsabilité si elle fait une faute en raison de son activité.
□ B – L'administration n'engage pas sa responsabilité si elle crée un risque en raison de son activité.
□ C – L'administration engage sa responsabilité si elle crée un risque en raison de son activité.

2 – L'administration engage-t-elle sa responsabilité si elle fait courir un risque à ses agents ?

□ A – Oui.
□ B – Non.
□ C – Uniquement s'ils sont fonctionnaires.

3 – Qu'est-ce qu'un collaborateur occasionnel du service public ?

□ A – Un agent public en CDD.
□ B – Un administré qui collabore sciemment avec l'administration.
□ C – Un fonctionnaire à temps partiel.

Réponses : 1, C ; 2, A ; 3, B.

✪ CONSEIL DE COACH ✪

ⓘ Comment s'habiller pour un oral ?

On va vous faire deux confidences : le défilé de jeunes garçons à peine majeurs dans des costumes sombres visiblement empruntés à leurs grands frères est souvent quelque chose d'amusant, et les exubérances vestimentaires de certaines jeunes femmes qui ne maîtrisent pas complètement les codes de la séduction sont encore plus drôles. Dès lors, que faire ?

Eh bien, pour commencer, soyez propre : il n'y a rien de mieux pour faire mauvaise impression qu'une hygiène corporelle qui laisse à désirer, une odeur suspecte ou des traînées de pellicules en guise d'épaulettes.

Pour le reste, choisissez une tenue qui vous met en valeur sans vous donner un air guindé. L'idéal n'est pas le costume cintré ou le tailleur ajusté acheté pendant les soldes de la semaine précédente (c'est la magie du mois de janvier), mais plutôt un vêtement « habillé » que vous avez déjà porté et dans lequel vous vous sentez physiquement à l'aise : se sentir à l'aise est toujours un plus lors de moments un peu stressants.

FICHE N° 25

La responsabilité sans faute fondée sur la rupture de l'égalité

Le principe de l'égalité devant les charges publiques est un principe à valeur constitutionnelle qui découle, selon le Conseil constitutionnel, du principe constitutionnel d'égalité devant la loi. Mais dans certains cas, l'action administrative place les administrés en situation d'inégalité devant les charges publiques. Dès lors, cette rupture d'égalité contrevient aux principes constitutionnels et entraîne l'obligation d'indemniser la victime.

Dans cette situation particulière, le préjudice subi par la victime doit revêtir deux caractères supplémentaires et spécifiques :

- Le préjudice doit être anormal, faisant ainsi apparaître une rupture caractérisée de l'égalité (c'est le juge qui apprécie le seuil de gravité du dommage).
- Le préjudice doit être spécial, c'est-à-dire qu'il fait peser sur une personne (ou plusieurs) en particulier la rupture d'égalité imputée à l'administration (si le préjudice pèse sur tous, c'est un préjudice général).

La responsabilité du fait des règlements légaux

Pour engager la responsabilité de l'administration du fait des règlements légaux, il faut distinguer les actes réglementaires et les actes individuels :

- S'agissant des actes réglementaires : engager la responsabilité de l'administration est aisé ; l'illustration la plus éloquente est la décision d'un maire de réorganiser la voirie, ce qui a un impact sur l'accès à un commerce (Conseil d'État, Commune de Gavarnie, 1963).
- S'agissant des actes individuels : le principe est dégagé par l'arrêt Couitéas en 1923, qui estime qu'un individu peut obtenir droit à réparation sur le fondement de la responsabilité pour rupture d'égalité devant les charges publiques s'il demande légitimement le concours de la force publique et qu'elle lui est refusée (par exemple pour l'exécution d'une expulsion).

La responsabilité du fait des lois et traités internationaux

Concernant les lois internationales, la jurisprudence est ancienne et c'est un cas surprenant qui a donné naissance à ce principe. En 1934, le législateur interdit de commercialiser sous l'appellation de crème des produits non exclusivement issus du lait. Cette loi condamne à la faillite une entreprise, qui obtient la condamnation de l'État sur ce fondement ! Cette loi n'était pas intervenue dans l'intérêt général, il a donc été possible de demander la réparation du préjudice. Cette condition a été renforcée par l'arrêt ADARC rendu en 2003 : en plus d'un préjudice anormal et spécial, il faut un aléa anormal (c'est-à-dire une conséquence inattendue et imprévue).

S'agissant des traités internationaux, le principe est plus récent : il a été consacré en 1966 quand le Conseil d'État a affirmé que la responsabilité de l'État est susceptible d'être engagée pour assurer la réparation des préjudices nés de conventions conclues par la France avec d'autres États et incorporées régulièrement dans l'ordre interne.

Enfin, depuis l'arrêt Francovich rendu en 1991, la Cour de justice de l'Union européenne exige que soit réparé le préjudice résultant de la violation du droit de l'Union européenne par un État membre. C'est chose faite en 2007 avec l'arrêt Gardedieu du Conseil d'État : désormais, la responsabilité du fait des lois est susceptible d'être engagée en raison des obligations de l'État pour assurer le respect des conventions internationales par les autorités publiques et réparer l'ensemble des préjudices qui résultent de l'intervention d'une loi adoptée en méconnaissance des engagements internationaux de la France.

– Quiz –

1 – Quels caractères un préjudice doit-il revêtir pour engager la responsabilité sans faute de l'administration, fondée sur la rupture de l'égalité ?

□ A – Il doit être général.
□ B – Il doit être spécial.
□ C – Il doit être anormal.

2 – Peut-on engager la responsabilité de l'administration en raison d'un acte réglementaire tout à fait légal ?

□ A – Oui.
□ B – Non.
□ C – Uniquement si le recours à la force publique est nécessaire.

3 – Quelles conditions sont nécessaires pour obtenir la réparation d'un préjudice lié à une loi internationale ?

□ A – Un préjudice général et normal avec un aléa anormal.
□ B – Un préjudice spécial et anormal avec un aléa anormal.
□ C – Un préjudice spécial et anormal avec un aléa normal.

Réponses : 1, B et C ; 2, A ; 3, B.

✪ CONSEIL DE COACH ✪

ⓘ **La réalité est négociable**

Hormis les lois scientifiques et les normes juridiques, la plupart des règles qui nous gouvernent ne sont que des usages, des habitudes ou des croyances qui ont pavé la route de celles et ceux qui ne se sont jamais posé la question du chemin à suivre. Rien ne vous empêche de remettre en cause les choses pour voir s'il est possible de faire autrement.

Ne cherchez pas d'excuse si votre vie ne vous convient pas : il n'appartient qu'à vous d'en changer. Cela implique de sortir de votre zone de confort et des sentiers battus pour explorer une nouvelle façon de voir le monde, puis d'agir en conséquence... L'expérience peut être douloureuse, mais elle sera toujours bénéfique.

TEST FINAL

25 questions pour une ultime révision

Vous pensez désormais maîtriser toutes les notions du droit administratif sur le bout des doigts ? Voici 25 questions pour tester vos connaissances !

Vous pouvez essayer d'y répondre à l'oral en 30 minutes, mais l'idéal est de vous tester à l'écrit en répondant à TOUTES ces questions en moins de 90 minutes...

Pas de panique si vous séchez, vous trouverez les réponses en tournant la page.

Bonne chance !

--- QUESTIONS ---

1 – Qu'est-ce qu'une autorité administrative indépendante ?

2 – Quelle théorie interdit au juge administratif de connaître un litige dans lequel la constitutionnalité d'un règlement pris sur le fondement d'une loi est contestée ?

3 – Que désigne-t-on sous le vocable de « droit international » ?

4 – Quelles sont les particularités des directives européennes ?

5 – Quels sont les trois grands types de lois ?

6 – Quelle est la valeur des principes généraux du droit ?

7 – Quel est le contenu et l'étendue de la compétence réglementaire ?

8 – Qu'est-ce que la théorie de l'acte de gouvernement ?

9 – Quelles sont les obligations du service public ?

10 – Qui peut créer un service public ?

11 – Que sont les « lois de Rolland » ?

12 – Quelle est la nature de l'activité de police administrative ?

13 – Quels sont les trois éléments qui définissent l'ordre public selon le Code général des collectivités territoriales ?

14 – Quels sont les critères de légalité des mesures de police administrative ?

15 – Quels sont les critères de l'acte administratif unilatéral ?

16 – Comment distinguer un acte administratif unilatéral à caractère individuel d'un acte administratif unilatéral à caractère réglementaire ?

17 – Comment un acte administratif unilatéral peut-il disparaître ?

18 – Quels critères peuvent donner à un contrat la qualification de contrat administratif ?

19 – Qu'est-ce qui rend l'imprévision impossible dans un contrat administratif ?

20 – Quelle est la différence entre la rupture et l'annulation d'un contrat administratif ?

21 – Quel est le degré de juridiction du Conseil d'État ?

22 – Qu'est-ce qui invalide la légalité interne d'un acte ?

23 – Qu'est-ce que la présomption de faute ?

24 – Quelle est l'idée générale de la responsabilité sans faute fondée sur le risque ?

25 – Quels caractères un préjudice doit-il revêtir pour engager la responsabilité sans faute de l'administration, fondée sur la rupture de l'égalité ?

--- RÉPONSES ---

1 – Une autorité administrative indépendante est une institution de l'État chargée d'assurer la régulation d'un secteur considéré comme essentiel, hors hiérarchie ministérielle.

2 – C'est la théorie de la loi écran qui interdit au juge administratif de connaître un litige dans lequel la constitutionnalité d'un règlement pris sur le fondement d'une loi est contestée.

3 – Le droit international désigne les règles contenues dans les traités internationaux ainsi qu'au sein de la coutume (qui joue un rôle important en droit international).

4 – Les directives européennes doivent faire l'objet d'un acte de transposition, et elles sont invocables par un administré mais pas par l'État.

5 – Les lois constitutionnelles, les lois organiques et les lois ordinaires.

6 – La valeur des principes généraux du droit est très discutée, mais on s'accorde généralement sur leur caractère *supra*-réglementaire, c'est-à-dire qu'ils ont une valeur égale aux lois.

7 – Le pouvoir réglementaire voit sa compétence définie par l'article 37 de la Constitution : « Les matières autres que celles qui sont du domaine de la loi ont un caractère réglementaire. »

8 – La théorie de l'acte de gouvernement permet au juge administratif de refuser de reconnaître la légalité de certains actes qui lui sont déférés.

9 – Les obligations du service public sont la neutralité, la laïcité, la réserve et la primauté de l'intérêt général.

10 – La création d'un service public est un monopole des personnes publiques chargées de poursuivre la satisfaction de l'intérêt général. C'est le pouvoir réglementaire qui est compétent en la matière.

11 – Les lois de Rolland sont la continuité du service public, la mutabilité du service public et l'égalité du service public.

12 – L'activité de police administrative est de nature préventive et vise à éviter que l'ordre public soit troublé.

13 – Les trois éléments qui définissent l'ordre public sont la tranquillité publique, la sécurité publique et la salubrité publique.

14 – Le juge retient qu'une mesure de police administrative est légale si elle est adaptée, nécessaire et proportionnée.

15 – L'acte administratif unilatéral doit répondre à deux critères : il doit être exécutoire et obligatoire, et il doit faire grief.

16 – S'il s'adresse à une ou plusieurs personnes nominativement désignées, il s'agit d'un acte individuel. Si c'est une norme générale et impersonnelle qui s'applique indistinctement aux administrés, il s'agit d'un acte réglementaire.

17 – Un acte administratif unilatéral peut disparaître selon quatre modalités : l'acte est affecté d'un terme à l'échéance duquel il disparaît, l'annulation devant le juge, l'abrogation et enfin le retrait.

18 – Un contrat est administratif en vertu de la loi s'il comporte au moins une personne publique en tant que partie ou si le juge l'identifie comme tel en l'absence de classification textuelle.

19 – L'imprévision est impossible dans un contrat administratif si elle persiste et prend un caractère permanent.

20 – La rupture n'est valable que pour l'avenir (ce qui est fait reste fait) tandis que l'annulation est rétroactive (on remet les choses en leur état d'avant la signature du contrat).

21 – Le Conseil d'État est juge à la fois de première instance, d'appel et de cassation.

22 – Trois éléments peuvent invalider la légalité interne d'un acte : le détournement de pouvoir, la violation directe de la loi et l'application inadéquate de la loi.

23 – Dans certaines hypothèses, l'administration est présumée avoir commis une faute jusqu'à preuve du contraire, car la preuve peut s'avérer difficile à apporter pour la victime.

24 – Cette idée est que l'administration engage sa responsabilité si elle crée un risque en raison de son activité.

25 – Pour engager la responsabilité sans faute de l'administration, fondée sur la rupture de l'égalité, le préjudice subi doit être anormal et spécial.

Remerciements

À Enrick et Rémi, qui m'accordent l'ineffable plaisir de commencer mon aventure en tant qu'auteur.

À mes parents, qui m'ont fait confiance dans cette folle aventure.

À Killian, mon meilleur ami que j'ai eu le plaisir de retrouver sur les bancs de la fac.

Mes remerciements sincères et amicaux également à Pierre Boisseau, maître de conférence en droit public à l'Université de Tours (et enseignant passionnant en droit des étrangers), qui m'a fait l'honneur de m'orienter pour parfaire cet ouvrage.

À Lucie Ricossé, camarade de promotion qui m'a fait le plaisir de contribuer à la formation de cet ouvrage.

Enfin mes derniers remerciements s'adressent à Marianne Beurton, camarade de promotion du M1 droit public de l'Université de Tours, qui n'a eu de cesse de m'éclairer de ses conseils bienveillants dans la rédaction de cet ouvrage.

Julien Rivet

Annexes & bonus

Si ce livre vous a plu et que vous en voulez plus, retrouvez plus de 150 articles dédiés aux étudiants en droit sur le site Internet de l'auteur :

www.juriswin.com

Vous pouvez également retrouver toutes les annexes de la collection « Juriscoach » sur le site :

www.juriswin.com/juriscoach

Enfin, vous trouverez facilement Juriswin sur les réseaux sociaux :

facebook.com/juriswin
twitter.com/juriswin

... On vous laisse chercher la chaîne YouTube ;-)

À découvrir !

Destiné aux futurs bacheliers qui veulent savoir à quoi s'attendre aussi bien qu'aux nouveaux juristes fraichement arrivés à la fac et un peu perdus, cet ouvrage n'est ni un manuel de droit ni un guide de méthodologie mais le chainon manquant entre le grimoire et la boîte à outils. Vous y trouverez des réponses à vos questions, des astuces pour réussir et un regard neuf sur un cursus prestigieux qui n'a rien d'ennuyeux !

Dans toutes
les bonnes librairies
15,95 €